U0048894

# 創意思考金字塔

從理解問題到提出解方，
五段式思考法為個人或組織找到高價值創意

How to get to
great ideas

a system for smart,
extraordinary thinking

戴夫‧柏斯
Dave Birss
著

洪世民——著

獻給每一個覺得自己格格不入的人

# 目次

# 第四部：團隊的創意

# 作者的話

　　你可曾遇過創意的瓶頸？或是希望能想出更好的點子？你是否因為事業缺乏有效創新而備感挫折，或納悶你的幕僚為何一再提出同樣可預期的構想呢？你有沒有呼吸過空氣、見過陽光、吃過三明治？如果這些問題，你給其中任何一個的答案是肯定的，那你就是我在寫這本書時，心中惦記之人了。

　　此刻你握在手裡的是一本實用的指南，說明人和組織可以如何生出更棒的點子。這援引了科學研究、學術理論和數十年的個人經驗，而其中許多與多數人對創意的理解背道而馳。

　　本書分成四個容易消化的部分：

第一部分讓你更了解創意。

第二部分給你一個可解決任何問題的簡易架構。

第三部分說明你自己可以怎麼生出更好的點子。

第四部分說明如何從組織中擷取更好的點子。

　　本書是寫給在任何產業、任何組織的任何層級扮演任何角色的人，以及所有勇於耕耘自己創意田地的人。每一章的尾聲，我會附上一個練習，而你絕對不會見到「尋找你的繆思女神」或「釋放你內心的愛因斯坦」這種話。我保證。

　　深呼吸。
　　跳水吧！

第一部

# 重新想像創意

第1章

# 釐清創意

（或者）

## 少用「C」開頭的字

　　我想從招認這個事實開始：本書的主題令我害臊。有個詞語一定會被用來鑑定本書涵蓋的主題：「創意」（creativity），而你將明白，這個詞所造成的問題比解決的多。我生命中曾有二十年拿「創意」做職銜，而現在它使我臉頰脹紅，甚至還會尷尬地咳嗽。每當有人介紹我是「搞創意的」，都會羞愧得無地自容。我不比任何人來得有創意，頂多是比較能自在地表達想法罷了。寫這本書時，曾一度考慮從頭到尾禁用創意一詞。我就是這麼討厭它。比起創意，我更屬意著眼於點子。畢竟點子才是最後的成果。創意只是獲取成果的途徑。本書旨在釐清如何更有效率地取得最後的成果。

　　但我想我擺脫不了那個「C」開頭的字，所以不打算拋棄它，而是會竭盡所能的去釐清它。

## 創意是個問題

　　容我解釋一下。我並不討厭饒富創意的舉動──恰恰相反。但我確實對這個詞感到不自在。那背負著無用的包袱，也會導致數不清的誤解。

　　過去幾年，我曾與多家公司密切合作，協助他們生出更有效的點子，而我發現「創意」這個詞相當兩極化。有人一看到就難掩興奮；有人則會搖搖頭說：「跟我無關！我沒有

創意！」當這些唱反調的人決定不投入任何標榜為「有創意」的活動，就是在拒絕我們取用他們具獨特價值的點子、看法和技能。

　　所以，為什麼「創意」這個詞對某些人是花蜜，對另一些人卻是毒藥呢？

## 一些簡單的誤解

　　我做出這個結論：多數人根本不曉得創意究竟是什麼意思。我曾在廣告、廣播、出版和音樂產業工作過，懷疑我的前同事對這個詞的誤解和別人一樣嚴重，所以進行了一項網路研究查明真相。我架設了一個簡單的網頁，標題寫著「創意是什麼？」，底下留了一個區塊，邀請大家告訴我，他們自己的定義（不要查字典）。我獲得四百七十三個回應。這些答案唯一一致的地方，就是它們完全不一致。

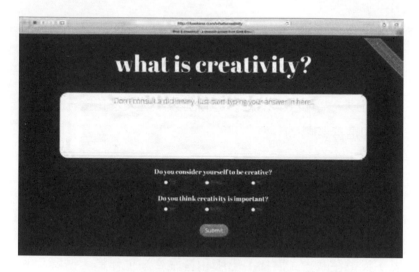

我架設這個網頁來查明大家覺得「創意」是什麼意思

　　回覆可分成下面幾類：

## 缺乏想像力的陳腔濫調

　　令人遺憾地，最普遍的答案是「跳脫框架思考」。這種答覆背後的概念沒什麼錯（我後面會告訴你，那是「在圓圈外面思考」），但援用陳腔濫調做為答案，既透露他們欠缺思考，也顯示他們不求甚解──這更糟。每見一次這種庸俗的回應，我的心就沉一分。

## 空洞的胡說八道

　　最令人翻白眼的一些回應，包括「靈魂向世界表露自己」和「你的心覺得什麼非說不可，就把它說出來」諸如此類偽靈性的說法，為這個我覺得需要澄澈清晰的地方，更添神祕與朦朧。

## 誠實的殘忍

　　收到這則留言時我大笑了，「創意是藝術家替自己辯護的詞語，用以說明他們在資本主義社會中有充分的存在理由。」但這句話凸顯了一個需要處理的議題。許多人將藝術和創意混為一談。相信藝術矯情、浮誇的人，對任何形式的創意也不會有好感。

## 特別的能力

　　一樣有害無益的是這樣的看法：創意是天賦異稟者獨占的領土。這類回應包括「創意是一種人類性格特徵」、「一種天生的能力，能想出和執行具獨創性和啟發性的點子」、「一種胡亂拼湊且能想出驚人解決方案的本領」。或許有些人天生比其他人會表達想法，但把創意局限在這些有福之人的身上，便是貶低其他不符合刻板「創意」類型之人的思考價值。

### 詩

　　有些回應表現出精湛的想像力。這類建議包括「解開束縛的探索構想空間的自由」、「從昭然若揭躍上不可思議」，以及我個人最喜歡的「是獨角獸放了個屁，生出彩虹」。很可愛、很風趣、饒富詩意，但不特別有助益。

　　我的小研究蒐集到沒幫助的答案比有幫助的多，那證實了我的懷疑：創意這個詞壞掉了；因此也帶我走上一段旅程，造就了你此刻拿在手上的這本書。

---

## 多數人不曉得創意究竟是什麼意思

---

　　本書旨在讓你更清楚地理解創意。我會解釋點子是怎麼讓人類成為萬物之靈，為什麼有些人較其他人擅長想出點子，並提出一個能協助任何人生出更好點子的系統。

　　但在開始探究這些新想法之前，我們需要擺脫一些舊思維。

## 徘徊不去的誤解

　　我不會責怪對創意有所誤解的人。很多錯誤的信念已根

深柢固許久，歷史不下數百、甚至數千年，但我們似乎從未充分了解這個主題。以下是我選出的十大槍擊要犯。

**迷思 1：那是靈性的玩意兒**

古希臘羅馬人相信創意行為的靈感是源自九位女神。這些神話人物各有所長，那時包括詩、歷史、音樂、歌唱、舞蹈、喜劇和天文（沒錯，天文學）。九女神會將天賦輕輕吹進人類幸運的耳朵，因為愚笨的野獸無法靠自己想出有用的東西。

這種思想會廣為流傳，完全可以理解。有時點子就是在我們並未積極專注於差事時靈光一閃。而這些點子看起來多半經過深思熟慮。在一個由仁慈又令人敬畏的神明主宰的世界，靈感的概念合情合理。於是這種現象就用對時代的理解來解釋了。

現在我們有功能性磁振造影（fMRI）了，而且一般的共識是這些女神並不存在。

**迷思 2：你得是天才**

從古至今，許多名聞遐邇的創新者都被認為聰明絕頂。像愛因斯坦（Albert Einstein）、阿基米德（Archimedes）、牛頓（Isaac Newton）、達文西（Da Vinci），甚至賈伯斯

（Steve Jobs），都被認為擁有奇高無比的智慧。這些人的智商或許高於常人，但——沒有不敬的意思——我不覺得那是他們想出絕妙點子的原因。

智慧只能協助你將創意思考提升至某個程度，而那個程度僅略高於拿叉子吃東西不會戳到眼睛。不過，我們全都可以培養遠比「智慧過人」更強大的特徵。

---

*我們全都可以培養遠比「智慧過人」更強大的特徵*

---

## 迷思3：創意等於藝術

常有人把創意和藝術混為一談。他們認為既然在美術館裡看不懂絕大多數作品在表達什麼，也從不想要學薩克斯風或在帆布上塗油彩，他們就不可能有創意。但藝術只是創意世界的一個子集合，創意的世界大多了。

把藝術想像成創意的非務實層面或許有幫助。那不是為了貶低藝術。藝術在社會中扮演要角，只是不必解決問題罷了。

要成為傑出的藝術家，通常需要全心投入大量時間來培養某種技能。你不必是藝術家也可以想出彌足珍貴的點子。創意開放給每一個人取用。

### 迷思4：專家提出的點子比較好

　　教育制約了我們，使我們相信必須先擁有知識，才能憑藉知識去做事。事實不盡然如此。你確實需要某種程度的知識才能想出有用的點子，但太多知識也可能產生反效果。

　　你加入某個組織、某個產業或某群人愈久，吸收到的基礎知識就愈多。久而久之，會限制你思考的也是這種東西。通常會有這麼一個甜蜜點：你已具備足夠的知識理解問題，但尚未吸收太多會讓你畫地自限的假設。

　　我認為想出珍貴點子的能力，運作方式類似這樣：

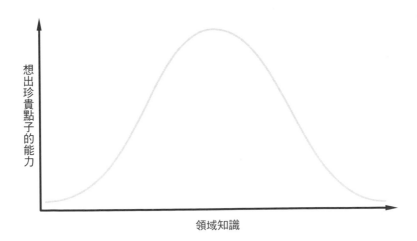

知識到某個程度有其用處，然後就開始限制你了

在這段旅程的開頭，你要付出心力學習。之後，你則需要「忘卻所學」。專業和經驗是值得擁有的絕佳特質，但缺乏專業可能同樣珍貴。

## 迷思5：你要力求原創

以前我常覺得真正的創意是想出地球史上從未提出過的點子。但力求原創，無非是替自己設立一個難以達成的目標。如果你真的有辦法達成，別人也沒有評判它的參考依據。你會被誤解，你的點子會被否決。

大部分的點子都是既有想法的新鮮組合。結合手機和電腦，你就有了智慧型手機。結合吸塵器和噴漆室的氣流系統，你便得到 Dyson。結合《大白鯊》（*Jaws*）和《星際大戰》（*Star Wars*），你便得到《異形》（*Alien*）系列（據說它只憑「太空中的《大白鯊》」這個簡單的描述，就被製片廠買走了）。以上種種，你仍可形容為有創意或創新，但如同所見，以上種種都不能形容為真正的原創。我也從未生出過有資格稱為原創的點子。

## 迷思6：你需要掙脫一切束縛

很多人認為你必須解開一切限制，讓思想盡情馳騁。這聽起來挺不賴，但無助於我們想出絕妙的點子。

出色的點子通常是在處理限制時產生。限制會帶給你方向和焦點。我最引以為傲的一些成果，是來自克服不合理的預算、不可能的時限或其他起初令人受挫的局限。不單是我如此。

金・羅登貝瑞（Gene Roddenberry）在一九六〇年代創作《星際爭霸戰》（*Star Trek*）時，面對了嚴峻的困境：星艦企業號不可能每週降落新的星球。太空船太過龐大，使拍攝極為困難，而且，預算都無法擴增至那樣的拍攝所需。在非常拮据的製作預算下工作，他們得找出實際的辦法，讓機組員從任何地方降落在星球上。他想出的解決方案是「用光傳送過去」就好。瞬間移動（teleportation）是現今世界各大學都在研究的領域。二〇一七年，中國研究人員成功用量子纏結（quantum entanglement）將一個光子瞬間傳送到三百哩外的衛星上。於是，這個原是科幻影集想像的情節，迅速成為科學事實。

## 迷思7：好點子會自我宣傳

IBM最具開創性的工程師霍華德・艾肯（Howard H. Aiken）曾說，你不必擔心點子被別人偷走，因為如果那具獨創性，你得強迫別人硬吞下去。這句話很有道理。好的點子具變形力，而人其實不想被改變。改變要花力氣，會讓他

們覺得不自在。點子愈好，愈難宣傳。

尼古拉・特斯拉（Nikola Tesla）歷經奮鬥，才讓世界採用他的交流電力系統。那顯然遠優於愛迪生支持的直流電力系統。特斯拉必須忍受狂風暴雨般的嘲笑、卑鄙伎倆和侮辱，交流電才終於被接納為更好、更安全的選項。他的點子不僅沒有自我宣傳，還給他帶來好多年的痛楚。所幸他不屈不撓，其技術才被採用。

### 迷思8：你要嘛有創意、要嘛沒有

許多人認為有些人生來就有創意、有些人則不然。倘若你覺得自己不符合心中那種具創意的人，那你就是沒有創意──幹嘛要費心嘗試呢？

但創意不是二元狀態，不是有人有創意、有人沒創意這樣。那是個滑動的量表，以明顯的程度來衡量。我們所謂有創意的點子，是比較不明顯的點子。

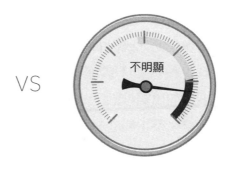

創意不是二元狀態。它是個滑動的量表，從顯而易見到不同凡響

　　明顯的點子不需要太多認知的能量。不凡的點子——特別是珍貴的點子——往往要耗費時間心力才能獲得。

### 迷思9：創意無法培養

　　抱持這種二元論的誤解，很多人相信創意是天生的，不能靠後天學習。當然可以。你愈努力想點子，就愈容易想出點子。你的腦袋會像肌肉一樣生長，會逐漸習慣做出不尋常的連結，會發展出判斷何者有效的直覺，也會愈來愈擅於學習其他任何技能。

### 迷思10：創意不過是腦力激盪

　　腦力激盪是個名副其實的問題。如果翻閱本書是為尋找

腦力激盪的技巧，你將大失所望，但你會找到真正能產生效用的實地演練。這些練習著眼於釜底抽薪的變革——你要做哪些改變來助你或你的組織生出好點子。

尋覓技巧和「駭腦」、看看有沒有通往絕妙點子的捷徑，不是想出絕妙點子的方法。比起腦力激盪的奇技淫巧，養成習慣、堅定態度、努力工作會帶領你走得更遠。

就連最聰明的人也可能陷入這些迷思之中。組織高層對這些迷思信以為真，而以謬誤的信念為基礎來管理公司。創意產業也不例外，因而箝制了組織適應變化及有效解決問題的能力。

學術界也不能免疫。我花了很多時間閱讀各種研究和學術論文，其中有不少都是從錯誤的假設開始。所幸這些還算少數，但往往能製造更大的音量，因為他們會提供新聞記者聳動的題材，吸引點閱、評論和分享。

好，我們已經明白創意不是什麼了，現在讓我們釐清，它究竟是什麼吧。

---

*比起腦力激盪的奇技淫巧，*
*養成習慣、堅定態度、努力工作，會帶領你走得更遠*

---

## 將創意一分為二

創意這個詞是用來形容兩件截然不同的事物，它既可用來形容芭蕾舞者的曼妙舞姿，亦可形容一群將黃色便利貼貼在會議室牆上的會計人員。這兩種活動幾乎沒什麼重疊之處，因此我覺得分開來講較有幫助。

我喜歡把創意分為**思考**和**行為**。

**創意行為**需要經年累月、專心致志的練習來精通某件事。舞蹈、繪畫、演奏樂器、雕刻、寫作和其他藝術創作，都需要培養一種技能到內化為止。或許也可藉由這些活動找到自己的一席之地。我們在這些領域聽過的名字，通常是佼佼者中的佼佼者。這讓該類的創意感覺是少數人所獨有。

反觀**創意思考**就是人人皆可為之的創意層面，這也是本書著眼的層面。如果你擁有了解這個句子的心智能力，就具備想出點子的條件了。公司行號愈來愈常跟員工要點子，但幾乎甚至完全不加訓練——而且其所處的環境，更為該過程增添沒必要的困難。

這個世界渴望更多點子——最好是好點子。

# 有「壞點子」這種東西

　　要想出點子並不難，但——讓我們實話實說——大部分的點子毫無用處。

　　學術界用兩個標準來評斷一個點子的創意：他們期望點子既新穎又有價值。倘若你也用這兩點做為評斷點子的依據，那這個矩陣可助你決定，要拿你生出的點子怎麼辦：

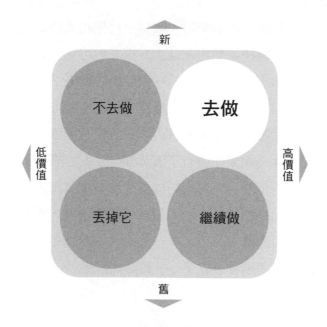

決定怎麼處理點子的簡易方式

　　但我們值得更深入地挖掘「新穎」與「有價值」的意義，因為「新」有不同的層次。一個點子可能對你來說是新的、對你的同儕團體是新的、對某個產業是新的或對世界是新的。上述情況顯然各自迥異，造成的衝擊也可能天差地遠。

　　例如十四歲時，我用鋼琴譜了一段動人的樂曲。我真的好不開心、好不驕傲。我修了又修、練了又練，直到它聽來優美悅耳。然後我彈給一個朋友聽，他爆出大笑，「是你寫的，是嗎？」他說，「那是艾瑞克·克萊普頓（Eric Clapton）〈蕾拉〉（Layla）的結尾啊。」我沒聽過，不知道這回事。那在我感覺是新的，對其他人則不然。反觀克萊普頓在寫這段頗為雷同的樂曲時，就是前所未聞了。

　　另外，甲產業的舊慣例對乙產業可能是新點子，並在乙產業發揮強大的效用。理查和莫里斯·麥當勞（Richard／Maurice McDonald）為他們的漢堡餐廳引進亨利·福特（Henry Ford）式的生產線，徹底改革了食品業，大大提升了食物供應的速度和穩定性。生產線對世界不是新的概念，但對漢堡廚房卻是新的。

　　現在讓我們聊聊價值。同樣的點子，不同的人與不同的組織會有不同的評價。對一些產業而言，那涉及點子創造收益的潛力。對另一些產業，那涉及能否從競爭中脫穎而出。

對其他產業，重點則是要讓人們有不一樣的感覺。

　　當你要生點子時，不妨事先界定你要致力爭取的價值。
清楚自己要的是什麼，便有更好的機會達成，判斷點子的優
劣也較容易。

　　既然已經排除那些最大的誤解，現在讓我們看看，創意
為什麼對人類如此重要，而目前科學正在教我們那些有關創
意的事。

─── 實地演練 ───

# 哪一種新穎，哪一種有價值？

　　在你開始構思前，不妨先了解你所謂的「新」和「有價值」是什麼意思。那會因要解決的問題而異，所以讓我們挑選兩個截然不同的問題，確立各自的標準。

　　選個你需要一些新點子的個人問題。你可能想要吃得健康點、有多點時間陪家人或約會進展更順利。這些都與改善你個人生活有關。選擇一件真的會讓你煥然一新的事。

　　然後挑個產業方面的議題，可以跟你自己的工作有關，也可以關乎某個與你毫無瓜葛的產業。你可能想要改變一家公司的觀念、助他們減少浪費或吸引新的顧客。事情的規模和你的第一個問題完全不同。

　　就這兩個問題，各自找出你要追求哪種層次的新穎。是世界前所未見，或只是對自己新鮮而已？另外，你想要開創什麼樣的價值呢？你要怎麼知道自己已經實現？你可能會想列出一些東西。把他們通通記下來，挑其中三、四個最重要的來集中火力。

　　這個不錯的練習，適合在你擬定創意計畫之初進

行。如果你真心想要解決這些問題，先把它擱在一旁，
到第六章再拿出來處理吧。

第 2 章

# 創意思維的演化

（或者）

從野獸到巴哈的旅程

　　讓我們想像有個魔幻的時光隧道入口，連接著你家和五萬年前風光明媚、土壤肥沃的撒哈拉地區。現在讓我們穿過隧道，找一個來自舊石器時代晚期的人。他們的外貌與你頗為相似，走路的樣子也和你差不多。好好洗個澡、上一趟理髮廳，他們說不定也能一副光鮮亮麗。但你們的生活大相逕庭。

　　他們的日常生活包含狩獵、採集、逃離野獸。他們的住處，如果有的話，可能是洞穴或基本的木造結構。他們的第一要務是求生。所以你們可能很難找到什麼共同話題。

　　身為現代文明社會的產物，你顯然比他們優越。畢竟你有文化、量身訂作的衣服和智慧型手機。你有正職工作，在LinkedIn有一票人脈。那鐵定讓你更有能耐，智力發展得更好，沒錯吧？

　　讓我們想像一下，在這個我們共有的幻想中，你和這位原始人主客易位。現在換成你生活在大草原、他們生活在現代城市。誰會活得比較久呢？

　　恐怕我不會押你這邊。抱歉啦，這有兩個理由。

　　首先，這些年來，人類成功讓生活變得比較安全、比較簡單了。只要古代人不是直直走到巴士前，要找到生存所需的一切並不困難。雖然我認為他們很快就會因為順手牽羊或隨地便溺等違反現代社會規範的舉動，而被有關當局帶走。

　　第二個理由是你已失去所有能助你在野地求生的技能。就算你看過貝爾・吉羅斯（Bear Grylls）系列的每一集[1]，恐怕還是不會生火及建造安全處所。另外，我也不大相信你有能力察覺正悄悄穿過長草叢向你走來的豹。

## 離開過去

　　數萬年的創意思維已逐漸和我們的祖先分道揚鑣。我們以社會之姿接納的每一個點子，都把我們拉出過往、推入未來。這些發展讓生命中的一切變得容易（微軟的 Word 是著名的例外）。

　　這些具創意的突破是從提升我們身體的能力開始。這讓我們得以少花點力氣進行工作、助我們完成原本不可能做得到的事。接下來，技術發展改而增進我們的心智能力。地圖的發明代表我們不需要把路線和環境記在腦子裡。而後 TomTom 的發明代表我們不會看地圖也沒關係。我們每一次欣然接受某件新事物時，便放走了某件舊事物。

　　我們已大力塑造周遭世界，讓一切盡可能易如反掌。而我們創造的世界也反過來形塑我們。

---

1　譯註：指《荒野求生祕技》（Man vs. Wild）。

當我們逐漸把努力和思考外包給技術，其實也塑造了我們的大腦和身體。過去七十五年，人類的身高增加了 1.5%、體重增加了 15%。這些是相當劇烈的變化，專家開始愈來愈憂心。不過，我更擔心的是技術對人腦的影響，因為我們愈來愈常把記憶、心智運作和決定外包給我們的裝置了。

現在的人腦已經比一萬年前來得小了。一種理論是，各式各樣的技能已變得沒有必要，而隨著我們把認知負荷（cognitive load）外包出去，我們的大腦已經剪除它們不再需要的部分。

看一看動物研究，便能明白箇中緣故。眾多文獻記載，家畜的腦普遍比野生的同類動物來得小，而且毫無意外，萎縮最多的是與求生本能相關的區塊——特別是大腦負責戰／逃反應和侵略性行為的部位。家畜這方面的特徵多半在人工繁殖過程中消除了，因為人類會選擇性格溫馴的動物。

隨著人類開始在較大的社區聚集，較有利的特性也變了。侵略性、體能、狩獵本領都讓位給社交技能了。既然最吸引人的同伴特質變了，人類演化的方向自然也跟著轉變。

人類的終極造物是自己。未來也將如此，不論是好是壞。

## 人類的概念探險家

　　創意思考者是驅使人類邁向未來的人物。他們走在社會前面，發掘新的構想、新的可能性。他們會透過藝術、發明、故事和談話回報其發現。至於要不要接受他們的點子，讓我們這個物種依此前進，概由社會決定。

　　沒有創意思考，人類不過是非洲大草原的另一種野獸——如果我們夠幸運，沒有遭逢與其他人類祖先一樣的命運的話。

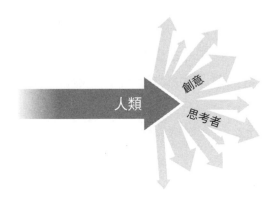

人類　創意思考者

創意思考者走在其他人類前面，發掘新的構想和機會

　　創意思考是讓我們有別於動物王國其他成員的最大要素。我們在將近三百五十萬年前就見到創意思考的火花——

我們的祖先開始把石頭轉變成工具。這些製造工具的技能發展緩慢，造就了石刀、石錘、石斧、矛尖等等。然後有件事似乎在四萬年前發生。智人看似經歷了一段認知衝刺時期。他們的創作從協助人類求生和繁榮的純務實發明，轉變成藝術、首飾、音樂等非務實發展。

---

*創意思考者是驅使人類邁向未來的人物*

---

在幾千年內，我們發展農業、馴養動物、群居城市、創造文化。我們發展了諸如宗教、政府和金錢之類的抽象概念，這些進而造就書寫的語言、印刷機、網際網路。這一、二十年來，史學家和考古學家一直在搖頭，不明白是什麼致使人類出現這些爆炸性的發展。答案或許比你想像中簡單。

## 閒混的美好

十幾歲時，假日我常去一座農場工作。學校的復活節假期和生小羊的季節重疊，所以每年都會有一、兩個星期被大肚子的母羊和她們嬉鬧的後代團團包圍。這些新生小羊最驚人的一件事，是牠們很快就能自己站起來。牠們常出生不到一個鐘頭就搖搖晃晃地走來走去，四處找奶喝。這種情況與

多數野外出生的動物類似。看來，人類產下的是動物王國中
能力最差的寶寶。

　　就連拿人類後代與其他靈長目的後代比，我們仍發育不
良得令人震驚。如果人類出生時的身體要像大猩猩寶寶那麼
成熟，孕期就得持續令人無法忍受的二十個月。寶寶的頭也
會大到無法通過產道。早點出生是一種演化的折衷方案，容
許我們擁有像現在這麼大的腦。

　　這對我們的心智發展產生了連鎖反應。

　　我們生來不具有立刻能在這個世界起作用的大腦線路和
肌肉量，身體完全無助。依偎在爸媽懷裡，我們的大腦在此
發育初期階段就受到刺激，塑造心智，建立社交連結。這隨
即賦予我們超越其他野獸的優勢，贏在起跑線上。

　　我們下一個演化優勢是漫長的童年。在前一百五十萬
年，人類經過演化，又把青春期和嬰兒期的間隔往後延了六
年。這讓我們有更多時間在不必背負成人責任下發育。最重
要的是，那給我們時間玩耍。

　　而正是玩耍造就了善於創造的人類。

## 好奇孕育創意

　　如果你遇過四歲小孩，「為什麼」這三個字你一定不陌

生。他們喜歡一再叨念這三個字到惹人厭的地步,而你給的每一個答覆,只會引來另一個「為什麼」,這把爸媽逼到抓狂。但這實為是件非常美好的事,因是兒童好奇心的表徵。而人類拉長的童年,讓好奇心得以欣欣向榮。

孩子一出生就開始進行實驗,來幫助他們理解周遭的世界。讓湯匙掉在地上是重力實驗。碰別人叫他們不要碰的東西,是掌控的實驗。不聽制止一直踢駕駛座的椅背,是測試爸媽耐性極限的社交實驗。兒童一直在尋找學習的機會。

反觀成人,往往不再問「為什麼」,他們不再讓湯匙掉在地上、不再進行社交實驗。真是遺憾啊!好奇是創意思維的基礎。是好奇讓心智充塞原始、新鮮的知識,讓我們塑造成新的東西。好奇是偉大的創意思考者一輩子緊抓不放的特徵。

---

*好奇是創意思維的基礎*

---

## 創意思考的演化

創意思考有許多不同的層次。每一個階段都需要更多認知的複雜性。

創意思考的層次如下：

## 發現

一切從基本開始。你注意到某個效應，把它連上某種用途。例如古人可能注意到他們一站上圓木，圓木就會滾動。這項發現讓他們領略到，嘗試搬運重物時，滾動這種作用或許有幫助。

## 發想

下一步是在你需要時複製同樣的效應。在我們的例子裡，這群古人想要搬運一塊表面平坦的巨礫。太重了，集眾人之力也搬不動，這時有人想到滾動圓木的點子。於是他們找來許多圓木，折斷突出的枝，將它們塞到岩石底下。接著他們便用新發現的滾筒把獎品給推回家了。這是一項突破。

## 精煉

當點子夠成功而受到歡迎，就是精益求精的時候。古代人類也許發現折斷樹枝可能是個問題，而圓木在直徑全都一樣時效果最好。他們從經驗得知，要在需要使用時找到類似大小又無太多樹枝的圓木，可能是件難事，所以製作了一組滾木，在需要搬運大型物體時隨身攜帶。就這樣，他們創造

了一件產品。

## 改變用途

　　這說的是使用同樣點子找出其他用途。前述滾木的使用者發現，每當搬運重物，路過的草地都會被壓平。村子四周如果沒有長草圍繞，野獸便沒地方躲，就會比較安全，於是他們用圓木夷平居住地四周的草地。這時他們找到另一種用途了。

## 結合

　　創意的最高層次是結合兩個不同的點子，創造出新玩意兒。我們遠古的祖先可能注意到，當你用兩指轉動一顆橡實的蒂時，整顆果實會跟著旋轉。突出的蒂示範了軸的原理。結合這個新點子和圓木滾動的概念，極可能便是造就輪子的構想。於是──神了！──運輸工具發明出來了。

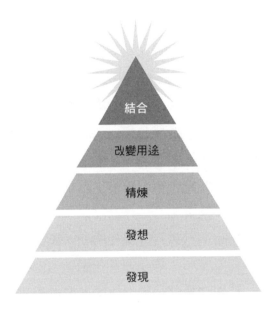

創意思考的金字塔

　　刺激這些途徑的要素是好奇和玩耍。人類第一次發展設想點子的認知能力時，一定是相當令人興奮的時刻。有一整個世界等他們發掘。

## 世界曾經比較簡單

　　我一直為達文西深深著迷。他似乎有著那種向四面八方擴展的好奇心，既是兼具鑑賞力與創造力的畫家，也是雕刻

家、發明家、建築師、科學家、音樂家、數學家、工程師、作家、解剖學家、地質學家、植物學家、天文學家、史學家及製圖員。如果他有Linkedin，個人檔案一定亂七八糟。他在不少領域都具有突破性進展，想出許多往後數百年仍無法實際運用的點子，例如降落傘和直升機。

時至今日，世上已沒有像達文西這般不同凡響的博學之士了。或許這有個好理由可以解釋：五百年來，知識之樹已經長得遠比過往複雜了。

四萬年前左右第一次認知爆炸期間，萬事就緒，靜待發現。人們在研究怎麼用灰燼和顏料在洞壁上做記號，研究有些骨頭若是朝裡面吹氣就會啾啾作響。沒過多久，明顯的事物全都揭露出來了。

接下來，得多花點力氣找出常人不了解的事物。達文西查看屍體體內尋找之前沒被發現的東西。他拿各種物質做實驗，嘗試發明新的顏料，有成功也有失敗。他鑑定出未知的領域，加以探索。他也把這些新知轉變成新點子，並實際應用。

現在，達文西探究的領域都成了專門研究。許多聰明人奉獻生命和心力耕耘單一領域。而隨著他們收集到更多知識，那些領域又再細分出自個兒的專門研究。

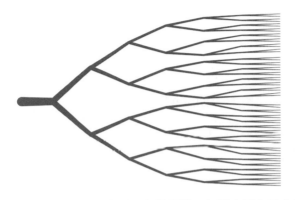

隨著每一項發現、每一個點子相繼問世，知識之樹愈長愈複雜

　　回到現代。能發掘的新事物變少了。我們已不大可能再同時對數個領域造成巨大的衝擊。世界變得如此複雜且環環相扣，甚至連摸索都得先具備相當程度的知識。就連最簡單的物件，往往也需要複雜地結合多種專門研究才能產生。

　　倫納德‧里德的著作《我，鉛筆》（I, Pencil）在一九五〇年代出版，進而對世界各地的經濟學家構成影響。書是從一枝卑微鉛筆的觀點出發，讚頌這個時代的經濟和製造業體系變得有多複雜。它開門見山，「地球表面沒有哪一個人知道怎麼做出我。」再循序證明這句話。書中列出製筆過程牽涉到的人員和技術，從指引貨船轉舵的燈塔看守員，一直到造樹的上帝。如果連六十年前一種這麼基本的產品都複雜得匪夷所思，不妨想想今日我們每天倚賴的智慧型手機、微波

爐和衛星，會是什麼樣的情況。

　　要在這個愈益複雜愈益環環相扣的世界產生作用，需要換一種思考方式。現在，要想出那種破天荒、劃時代的點子，可能不只需要一個腦袋了。

## 集思廣益

　　二〇〇七年，三位學者——史蒂芬・烏切提（Stefan Wuchty）、班哲明・瓊斯（Benjamin F. Jones）、布萊恩・烏齊（Brian Uzzi）——合力撰寫了一篇論文，適切地探討團隊合作在催生新構想上愈益吃重的角色。他們檢視了五十年來近兩千萬篇學術論文和兩百多萬件專利，尤其關注作者團隊的規模。傳統上，學術論文和專利申請被視為個人才華的領域，但資料顯示，潮流在變。

　　檢視四十五年間的科學論文，不難發現有股轉向大規模團隊的戲劇性趨勢。這段期間，每篇論文的平均作者從 1.9 人倍增至 3.5 人。同一時期，由團隊撰寫的論文數量從 17.5% 增至 51%。合作似乎造就了更成功的研究成果：研究人員檢視資料時，發現團隊撰寫的論文被引用的機會，是個人著述的兩倍多。這個轉向協作思考的趨勢，似乎造就了更高品質的產出。

而這樣的合作，搭檔甚至不限於人類。

## 是巴哈嗎？

一九八二年，《美國唱片指南》（American Record Guide）大膽指出，「大衛・柯普（David Cope）無疑是這個世代最具企圖心、最多產且最全方位的作曲家之一。」但不同於多數作曲家和古典音樂家，他完全不遵循傳統。他對電腦的興趣，引領其轉往一個令許多體制內人士心煩意亂的方向。一九七〇年代起，他開始花更多時間在電腦鍵盤前，學習程式語言、研究初生的人工智慧領域。他把這些與對音樂的熱愛自然而然地結合起來，然後實驗電腦作曲（computer-generated composition）。這使他發展了一項開創性的計畫，名為「音樂智慧實驗」（Experiments in Musical Intelligence），簡稱EMI。

他設計的程式只要輸入樂曲，便會產出同樣風格的原創樂句，且毫無抄襲之嫌。他用這個程式創作出受布拉姆斯（Brahms）、蕭邦（Chopin）、蓋希文（Gershwin）、喬普林（Joplin）、莫札特（Mozart）啟發的樂曲——最有名的是巴哈（Bach）。他在名為《電腦創作的巴哈》（Bach by Design）專輯中發表這些曲子，而這也讓樂壇陷入分歧。

　　對這種人工智慧作曲最不假辭色的批評家之一，是奧勒岡大學教授史提夫‧拉爾森（Steve Larson）。他甚至向柯普的EMI程式下戰帖。他們請一位真正的現場鋼琴演奏家彈三首曲子：一首是真正的巴哈之作、一首是EMI之作、一首則出自拉爾森自己之手，請聽眾試著鑑定每一首的作者是誰。拉爾森非常確定聽眾能聽出箇中差異。結果拉爾森出洋相了：聽眾把巴哈的曲子誤認是拉爾森之作、EMI的曲子是巴哈之作，拉爾森的作品──自取其辱──是電腦做的。

　　那麼，如果電腦有辦法創作藝術品，我們能說它們有創意嗎？

## 創意的概念正在演化

　　在判斷電腦可不可能有創意之前，我們得先針對創意的定義取得共識。目前的共識似乎堅持創意需要有意識的意圖。電腦現階段還沒有那種東西。就我們所了解，電腦只是快速執行計算，對計算產生的成果亦不引以為傲。因此，那不可能是藝術。

　　電腦的製造方式和我們不一樣，因此依它們現有的狀態，不可能像我們這樣擁有意識。但它們很可能有辦法模仿得非常像。假如我們能編出一個有很多瑕疵、捉摸不定的程

式，或許就能獲得類似人類意識的結果。但我們為什麼要那樣做？電腦是我們為了追求精確而仰賴的工具——不是為了追求反覆無常。我想，倘若我們的筆記型電腦因為今天老子心情不爽，就不肯開啟我們的郵件；或是我們的智慧型手機為了想表現自己和藹可親，就為陌生人開鎖，沒有人會開心的。

造就電腦創作音樂及藝術的創意，比較可能歸給編碼的人類，而非產出成果的程式碼。我們認定創意是種人類的過程，因此創意不適用於非人類的創作。

但那個定義不無改變的可能。

兩千多年前，柏拉圖對藝術語帶輕蔑，尤其貶低繪畫。他認為繪畫只是對自然的二流模仿，而自然本身則是平庸地模仿盡善盡美的理想。時至今日，當上畫家被視為創造力的極致。形勢已徹底扭轉。

如果我們對創意構想所下的學術定義是新穎而有價值，那電腦已經能做到這兩件事。演算法的設計可以創造既優美又實用的結構——人類心智絕對創造不出的結構。

或許有朝一日，創意的概念會演變成欣然接受非人類的創作。也許未來，我們的美術館和音樂排行榜將由演算法產生的作品主宰。說不定人工智慧也會開始撰寫像這樣的書。

說不定我得另謀出路。

# 演化你的思考

展開一段思考的旅程，按照創意思考金字塔的步驟前進。

## 發現

從發現你先前未注意的事物著手。那對世界來說可能不是全新的事物，但如果對你是新的，就相當不錯了。接著為這項觀察心得想像一個用途。

我要選一樣最近發現的事情為例——我拉著行李箱經過一段顛簸路面時，輪子發出嗡嗡聲。我注意到那會奏出音符，音高隨著輪子行進的速度和每個突起物之間

的距離而改變。我把這項觀察連上一個用途：想像我可以在地面設置一些突起物，讓通過的行李箱奏出一段旋律。

**發想**

下一步是研究怎麼讓你的點子成真，也就是為你的點子找個真正實際的用途。多想一些，選出最好的。

就我的例子，我想出這些點子：

- 發出「喔咿喔咿」的警示聲響，提醒接近樓梯的弱視朋友；
- 做為行銷的提示聲，在人們經過重要物品時引起注意；
- 發出下降的音調，讓人們知道已經走到步道的盡頭。

我選行銷那個選項，因為那感覺最實際。我加入一些想法，覺得英國航空（British Airways）可能會感興趣──如果那可以奏出一小段他們的主題音樂（如果你想知道，那首歌叫〈花之二重唱〉〔The Flower Duet〕）。我想像那會用在希斯洛機場的第五航廈，給前往搭機的旅客一點美好的品牌經驗。

## 精煉

這是想辦法讓成果更好。我們顯然沒見過實際應用的情況，因此不知道真正要處理什麼。想像可能會引發的問題，並想出解決之道。

我想像有兩個問題要處理：

● 人們覺得那會損害行李箱的輪子而抱怨連連。我的解決方案是縮小突起物，讓震動感覺沒那麼劇烈、阻力沒那麼大。

● 有些人會在這段路上絆倒。我要把地板漆上鮮豔的色彩來提醒旅客注意，甚至可以用品牌的顏色。

## 改變用途

現在你會想採用你點子的原理——或是點子的副作用——為它找其他用途。

音樂帶的點子讓我想到高速公路旁的減速震動帶（rumble strip）——設計來提醒駕駛人注意，他們正往防護欄偏過去的突起物。我想知道上升或下降的音調，能否促使人們在危險路段減速慢行。我覺得這或許值得測試，看看能否改變行為、拯救性命。

## 結合

最後一個步驟是結合你的概念和其他概念，創造新的組合。

思考演奏一連串音符的行銷機會時，我想到能否藉由開門來奏出一小段警示音。所以我把鉸鏈的概念和音樂帶結合在一起。想像門框嵌入一塊弧形、有脊線的塑膠片，門則黏上刮板。門開啟時，刮板會摩擦調過音的脊線，奏出一段旋律。又一項新產品誕生了。

走完這個過程，僅花了我半個多小時的時間書寫和思考。而我覺得那已造就一些相當不錯的點子。每當你發現一件先前沒注意到的有趣事物，都值得這麼做。那甚或可能為你帶來開創全新商品或生意的構想。

第 3 章

# 心智之內

（或者）

## 了解你的點子製造機

常有人問我，我是怎麼讓人們更有創意的。我的答案大多是「我沒有。我是讓人們沒那麼沒創意」，這句話乍聽下或許荒謬，甚至還帶一丁點矯情。但這其實是基於科學事實。

## 腦科學與爵士樂

近年來，約翰霍普金斯大學（Johns Hopkins University）教授查爾斯・林布（Charles Limb）一直在研究爵士樂手的腦。他把他們請到實驗室，推入 fMRI 掃描機，做他們畢生最奇怪的一次演出。樂手躺在那，腿上擱著小型塑膠琴鍵，一邊演奏，一邊記錄下腦部活動。

掃描從學過的資料開始。樂手演奏一段事先傳給他們的音樂。這讓研究人員得以記錄當你從記憶彈奏時，大腦發生了什麼事。接著研究人員請樂手即興創作，彈一段以前從未彈過的音符。這是爵士樂手賴以為生的本領，而你不必是個「大家來找碴」的專家，就能看出兩種腦部掃描的差異。

林布教授指出，「一個區域打開，一大個區域關上，所以你不會受到阻礙，你會願意犯錯，你不會一直讓所有具生產力的脈衝停擺。」

關上的區域是前額葉皮質，正是大腦這個部位連接意識監控和自我審查。停止這個區域的活動會消滅這微小的聲

音，「你不能做那個！」於是樂手被賦予探勘新領域和犯錯的自由。

　　前額葉皮質負責幫助我們遵循社會規範和道德價值觀。每當我們學習如何打入不同的社會群體，它就持續發展。就是這個部位審查所有可能惹是生非的言行。就是這條濕毛巾撲熄創意的火花。如果我們不刻意做些什麼，大腦的這個部位就會阻止我們想出新穎有趣的點子。

## 腦神經復甦

　　對於大腦如何生出點子，已經有許多突破性的理解，查爾斯·林布的研究只是其中之一，但這段旅程，我們才剛開始。如他在二〇一〇年 TED 演講時所說：「老實說，對於我們要怎麼產生創造力，幾乎一無所知。我想，我們會在未來十年、二十年、三十年看到真正的創造力科學急速成長、蓬勃發展。」

　　祝他們好運。

　　近年來，我們看到愈來愈多實驗用 fMRI 的機器進行。關於頭顱裡發生的事，這項重大——且需要砸下重金——的新發明，依然只能給我們非常概略的估算。機器測量腦部周圍的氧氣通過血管的情況。大腦傾向指揮血液去活動發生的

地點，這便給了我們一個顯示大腦哪些區域開始活動的指標。機器目前僅有數毫米的解析度，所以距離測量放電突觸等級的東西依然遙遠。

另一種測量腦部活動的方式是腦波檢查，簡稱EEG（「electroencephalography」一詞友善的頭字語）。這一般需要受測者戴上一頂奇醜無比的電極帽來測量腦電活動。那是因為腦部運作既使用化學物質，也使用電。那是一部「油電混合」的機器，早在人們構思Prius之前就有了，且已協助我們發現我們的大腦會運用不同頻率的電流來解開心智活動。

在人們樂意讓測量裝置放入頭顱之前，科學必須滿足於這些不完美的技術。

## 非左亦非右

fMRI和EEG都揭穿了有關創意心智最無益的迷思之一：人只用左腦或只用右腦。不管哪一種腦部掃描皆清楚顯示，腦的兩邊都被用來產生點子。

左／右腦的迷思是基於這個理論：左半腦和右半腦處理資訊的方式不同，左腦著眼於物件的細節，右腦則觀察整體外型。根據這樣的說法，左半邊的語言皮質精通語法和字面意義，右半邊則協助我們理解隱喻和隱含的意義。但說到創

意思考，過程在兩半腦都會發生。

---

> *不管哪一種腦部掃描皆清楚顯示，*
> *腦的兩邊都被用來產生點子*

---

不只是神經網路。大腦還打開一條會視目前需要，連接各種功能區域的通道。在爵士的實驗中，即興創作活化了一個神經網路，而那個神經網路開啟了大腦的某些部位，也關閉了某些部位。其中一些網路與專注有關，但和創意思考有關的主網路，遠比其他網路來得放鬆。

## 駕馭白日夢

我們自然會這麼想：大腦在全神貫注於一項工作時最活躍。當然，那是大腦真正點燃、開始燃燒熱量的時候。不過，當 EEG 的發明人漢斯‧柏格（Hans Berger）於一九二〇年代晚期展開初步研究時，發現偵測的電振盪，並未在受測者休息時停止。他曾在一系列論文中指出這個奇妙的發現，可惜科學界選擇忽略。

數十年後，到了一九五〇年代，路易斯‧索柯洛夫（Louis Sokoloff）和同事發現，當人在休息狀態和解決困難

數學問題之間轉換時，大腦的新陳代謝不會改變。但心理學界還是堅持這個信念：大腦唯有在進行專注活動時才活躍。

然後，一九七〇年代，瑞典腦部生理學家大衛·英格瓦（David Ingvar）觀察到，在人們休息時，於大腦前半部流動的血液會增加，這最終造就「預設模式網路」（Default Mode Network）：大腦未專注於某項工作時進入的狀態。當我們基於過往經驗建立心智模擬、想像未來或設想不同的觀點和事態時，也會啟動這種狀態。這一類的思考有個流行術語：做白日夢。

這些飄泊不定的思想往往正是創意思考發生之處。我們的大腦也是在這種狀態拿「要是……會怎麼樣？」的劇本玩耍，想出新鮮的點子。當我們太一心一意於一項工作，便失去利用這種寶貴的「不專注思考」的機會了。

這就是設計師、作家和廣告創意工作者老是把腳蹺在桌上茫然凝視窗外的原因。他們不是無所事事、不是在打混摸魚，他們是在啟動「預設模式網路」，以便進行更寬廣的聯想、觸探新的機會。

---

*飄泊不定的思想往往正是創意思考發生之處*

---

## 別流失腦力

　　五歲時，媽媽要我記家裡的電話號碼，因為那個年代，電話是與他人聯絡的首要方式。她要我反覆念好幾遍，念到她問我電話幾號，就能自動說出「9424302」為止。那仍深烙在我的記憶之中，就算那支電話已經斷線二十多年了。

　　上個月我刻意背了內人的行動電話號碼——八年來，我只要在玻璃螢幕上點她的名字就好。那是因為我那支有瑕疵的iPhone老習慣在我最需要它的時候給我關機，而有時我最需要我老婆。

　　那是我多年來背的第一組電話號碼。

　　昨天我碰到一個相當簡單的算術題。我得在發票上加20%的加值稅。我下意識打開電腦上的計算機，鍵入數字。這完全沒有必要——我數學好得很。然而，就和多數人一樣，我仰賴裝置幫我幹那些心智的粗活。

　　技術固然美妙，但也會對我們的腦袋造成嚴重的不利影響：它會促使我們少用腦袋。過去幾年，我們一直把我們的記憶和心智過程外包給技術，而且就要把愈來愈多決定權外包出去。人工智慧的領域正賜予電腦力量來分析我們過往的行為、根據我們的行動創造演算法，再用演算法替我們做決定。

　　大腦和肌肉有點類似：它會依照我們使用它的方式生長和萎縮。我們用得愈少，在裡面儲存愈少資訊，愈少做決定，大腦就會變得愈弱。

　　我們需要刻意鍛鍊我們的腦。因為如果有哪件事情比電腦變得比我們聰明還要可怕，那就是我們變得比電腦蠢。

─── 實地演練 ───

# 記住更多資訊

務必讓貴重的資訊留在你的頭腦裡,以便在需要時使用它。

研究顯示,我們要是知道資訊存在電腦裡,就較不可能記住資訊。畢竟,能輕易搜尋到的東西,幹嘛花力氣去記呢?所以,下次當你在網路上看到什麼有趣或珍貴的事物,不要光存在書籤或我的最愛,或複製貼入數位筆記本,請動手,用你自己的話改寫它。這能強迫你理解那個構想,也會活化更多大腦部位。研究顯示用筆記型電腦做筆記的人,記得的資訊少於動手寫筆記的人。這種理解資訊、給資訊做摘要的舉動,似乎能把概念存在腦袋裡更久。

你可能會想畫幾張圖、或用蜘蛛圖來表現那個概念。這會活化大腦裡的視覺部位,讓你之後更容易回想資訊。因為,要是你在需要時怎麼也想不起來,那就跟從未見過資訊沒啥兩樣了。

第 4 章

# 趨異

（或者）

**別當正常人，要創造價值**

　　假如你是一九八〇年代的中學老師，有一種很棒的方式可代替實際教學。你只要把一部電視機和錄放影機推進教室、插入教學卡匣、按播放鍵，那樣就能讓你坐在辦公桌後打盹三十分鐘。

　　有支這樣的教育性影帶我記得非常清楚。那在講同儕壓力，講你該怎麼向香菸、酒精、性和其他任何看似好玩的東西說「不」。那把天底下每一個嘮叨母親的靈魂拷進磁帶、射向三十個心不在焉青少年的臉。那種拙劣的演技和極糟的影音效果，完全無益於抗衡青少年的固有行為。

　　當然，那毫無效用。就像所有青少年，我們忙著建立社交連結、忙著冒險。我們認定自己和爸媽不一樣，而比較像同儕。那就是我那個年代很多青少年透過當個重金屬迷、新浪漫派或野蠻人來表現自己的原因。重點不是展現獨一無二，而是找到身分認同。

　　就連搗亂分子也有一種強大的社會認同和一長串不成文的規定。呈現某個群體的外貌，具有某個群體的知識、態度和信念，賦予人們一種歸屬感。這是人類能夠成功的因素之一。

## 社交動物將繼承地球

　　一直到大約三萬年前，智人和尼安德塔人（Neanderthal）還一起在歐洲生活。人類的近親和我們的祖先有差不多大小的腦袋、應付同樣的食肉動物、吃同樣的食物、在同樣的地景遊蕩。但他們的體型比我們魁梧、力氣也比我們大。這顯然是個優勢。但我們存活下來了，他們則不然。

　　這個謎困擾科學家許久。智人在哪些方面勝過尼安德塔人呢？兩者大腦差不多大，想必認知能力也雷同吧？

　　二〇一三年，英國皇家學會（Royal Society）發表一篇論文，文中檢視了尼安德塔人腦部不同部位的發展。根據他們較大的視覺及運動區域進行調整後，研究人員發現，他們大腦剩下可用於較高層次思考和社會互動的容量明顯較小。這使得尼安德塔人以較小、孤立的群體生活，造成較少遺傳變異、較少跨群體的交流，因此當歐洲進入冰河期，變得較無適應能力。

　　反觀我們的祖先則過著大型群體生活，還有令人印象深刻、橫跨數千哩的貿易網。他們發展了強大的社會認同，從而建立複雜的人際網絡，與群體其他成員緊密連結，相對的也連帶使其對外人抱持疑慮。這樣的連結讓個人得以專門從事某些工作，創造出可把更多事情做得更好的社會。

附屬於群體是攸關生存的事。如果你發現自己被眾人排斥，那麼你的蛋白質給野生動物進補的機會，將大於把DNA傳給下一代的機會。順從某個部落的社會認同，遂成為一種選汰的特徵。

## 適合辦公室

每當電視節目想描述典型的通勤上班族，常會仰賴同樣的意象。在英國，那是西裝筆挺的商業人士走過倫敦橋的長鏡頭。在美國，則是紐約金融區某處的類似畫面。每個國家都有自己的版本。男士穿西裝打領帶，女士著時髦罩衫披夾克，這堪稱現代職場的制服。

想像一下，假如有人開始穿鐵娘子（Iron Maiden，英國重金屬樂團）的T恤和破牛仔褲到一家投資公司上班，會發生什麼事。如果他們繼續炫耀這種服裝，會不會影響那家公司裡的準客戶呢？當然會。對許多工作場所而言，公司服裝就如健康與安全守則般重要。

創意產業人士自認幸運，沒有那種從頭扣到腳的服裝規定。他們不了解，其實有。我在廣告業找到第一份工作時，對該產業一無所知，因此在爸媽嚴格指導下，第一天穿著灰西裝、手拿公事包去上班。一名竊笑的接待員帶我到創意部

門的座位，而我優雅地坐在那裡等部門同事姍姍來遲，把牛仔夾克披在椅背上。每個人看到我都忍不住大笑。我鬆開領帶，試著融入。隔天，我就穿著遠比第一天可接受的制服上班，但我花了很久很久的時間，才讓同事淡忘到職那天在服裝上的失禮。

遵守職場規則的內涵遠比細條紋布料來得深。那延伸至我們行為的每一個層面——我們的集體理解、我們的企圖心及彼此如何互動。因此人們會說：「我們這邊不是那樣做事的。」「那違反公司政策。」「我不認為那符合我們的最佳實務指南。」

*順從職場的內涵遠比細條紋布料來得深*

既有的體制會防止個體性干擾作業。就像古人在大草原上聚成一群群、一夥夥，當企業受到威脅時，要求順從的呼聲只會更強。一群人的焦點往往是維持熟悉事物、讓其運作，就算它的適切性逐漸降低。組織的抗體會群起消滅不熟悉的東西。強有力的點子常淪為平凡聖壇的祭品。

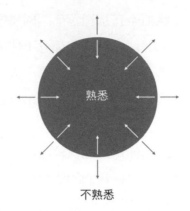

團隊思考會自然驅使人們往熟悉和明顯前進，排斥任何不熟悉的東西

## 不乖的價值

　　有少數人無法自在地適應任何規範。他們與團體裡的其他人不一樣，往往也不想和他們一樣。就像在我們早期祖先的時代，他們通常不被團體接納，遭到排擠而錯失機會。但多虧現代社會，這不再像過去那樣，是種致命的情況了。

　　就因與眾不同，這些局外人反倒可能是為群體增添最多價值的人。我們形容為「有創意」的人，大多屬於這個敢於挑戰眾人想法的少數族群。他們不合常規的事實，恰恰讓他們的心智彌足珍貴。正因與眾不同，才能想出墨守成規之人苦思不出的點子。

有價值的思考者會脫離常規，探觸常規外的思想

## 愛因斯坦是老師的眼中釘

　　相信爸媽一定告訴過你，在學校用功念書，將來一定會成功。他們八成還會要你聽老師的話、別惹麻煩。但愛因斯坦就不是這樣，他不是模範生。

　　他從五歲就開始反抗教師權威了，那時他拿椅子砸一個他不喜歡的家庭教師。小時候的他語言技能發展得很慢，直到九歲講話還不流利，而被很多老師認定有學習障礙。

　　中學時，愛因斯坦很多科目都拿到不錯的成績，卻仍不得老師青睞。一八九五年，一個老師在他的成績單上宣布「絕無成就」。他的行為是個大問題，十六歲時因不良態度已

對同學造成負面衝擊而慘遭退學。他試著進入蘇黎世聯邦理工學院（Federal Institute of Technology in Zurich），但沒有通過入學考試。他得上大學拉高成績，才終於獲准入學。

　　大學生涯進入尾聲時，他也想為人師表，但花了兩年時間尋找教職，卻備受挫折，最後只好放棄，進入專利事務所擔任助理檢驗員。

　　不是榮獲諾貝爾獎的傳統路徑，對吧？

　　不因循傳統正是愛因斯坦性格的一大特質。就連他的理論也是以非比尋常的方式想出來的。他會進行所謂的「Gedankenexperiment」，字面意義就是「思想實驗」。他最早的一種練習是想像自己乘上一道光波。如果他要這麼做，光波看起來就會跟結凍一樣，這種事當然不會發生。所以那一定意謂著，如果你用接近光速的速度旅行，時間本身也會受影響。這進而成為他特殊相對論的核心原理。他有許多想法極為先進，以致後人花了一百年才證明他是對的。二〇一六年，先進雷射干涉重力波觀測站（Advanced Laser Interferometer Gravitational-Wave Observatory，簡稱LIGO）從兩個黑洞的碰撞偵測出第一道重力波。自此才發現類似事件遠比我們想像中普遍。

　　倘若愛因斯坦是乖乖牌，世界可能會得到一位稱職的專利師，卻會失去一位最偉大的幻想家。

## 我們無法融入每一個團體

正如要你一天跟棋迷、模仿貓王或虐待／受虐狂共處八小時，你可能會覺得很不自在，很多人也覺得他們與辦公室工作格格不入。照公司規定穿衣服、每天同一時間離家、走同一條通勤路線的概念，讓他們毛骨悚然。不管喜不喜歡，他們得另謀出路。

這就是班・懷特利（Ben Wheatley）面臨的情況。「我像頭野獸衝出學校，沒有一技之長，也不了解工作的世界是什麼樣。」他向我坦承。「我的事業也反映那個事實。我不適合辦公室，也不適合團隊。我無法克服體制或強硬派菁英的拒絕，必須選擇我現在工作的方式。」

無法融入讓班成為多次獲獎的影集製作人。順從可能嚴重限制人們的潛力。

## 畫地自限

假如你在某座荒島上尋寶，然後扔了一個呼拉圈在沙地上，決定不要去圈外找，那你的銀行存款可能沒什麼機會增加。除非那是非常小的島，而你的呼拉圈非常大，去圓圈外面挖掘而挖到寶藏的機會，比在圓圈裡面挖來得大。

但，在圓圈裡面挖，正是多數團體做的事。他們將自己的思考和自己的機會局限於狹小的常規範圍內。他們的集體理解創造出一條約束的界線，禁錮了每個人的思考。於是，這種行為雖然賦予他們集體認同，卻也施加了重重限制。

## 有價值的思維在哪裡

強大的社會認同會使人們做出同樣的行為、遵循成文與不成文的規定、有同樣的假設、運用同樣的知識。由於輸入的資料和處理過程都一樣，無怪乎他們動輒產生同樣的結果。

在公司的腦力激盪，人們會激盪出類似的點子。然後選擇點子的方式進一步削減多樣性，因此雀屏中選的會是最舒服而非最有效的構想。來自常規內的想法平凡無奇，群體內的任何人都想得出來，這樣的想法對組織幾乎毫無價值可言。

有價值的思考空間位於常規之外，那是新思維之所在。你要去那裡才找得到強大得足以徹底改變組織的構想。

但浩瀚無垠的太空不是處處都有用。黃金概念蘊藏於新奇與熟悉取得適當平衡的肥沃地區。

---

*來自常規內的想法平淡無奇*

---

## 恰到好處的趨異量

在電影《情歸紐澤西》（Garden State），娜塔莉・波曼（Natalie Portman）飾演的角色解釋每當她覺得自己落入俗套時，會有什麼舉動。她當場痛苦地扭動身體，尖叫「哎呀，哎呀，哎呀，哎呀，哎——呀！」。她向札克・布瑞夫（Zach Braff）飾演的朋友描述她的舉動，說為了維持獨樹一格的感覺，她偶爾得做做沒有人做過的事。沒有人會在那樣的場合像那樣尖叫、扭動。那是人類史上獨一無二的時刻。

當然，如果我們接受創意的定義是製造新穎又有價值的東西，這一類的舉動僅滿足其中一項標準。超過某個臨界點，原創性就變得毫無用處。那成了蠕動和製造噪音的同義詞，與共同經驗或相關或有用的知識間缺乏夠強烈的連結。那比較可能讓人們對你敬而遠之，並不能帶給他們任何價值。

適當的個人趨異量是一種平衡。那位於仍能在群體裡起作用、但不像一般成員那樣思考或運作的地帶。個人若趨異

得太遠，也無法為群體增添價值。群體的需求與個人的知識、能力和態度之間的重疊不夠多。這些無法持久。不是群體選擇剔除他們，就是他們決定主動離開。

我們在找「金髮姑娘」[1]區的人，他的心智不是那種可預期的乖巧，也沒有叛逆得太厲害。那恰到好處。盡你所能留住這些人，想辦法管理他們的思考是明智的。這些天生有趨異傾向的人，具有真確的價值和重要性，但每個人都可能有派得上用場的趨異——包括那些有強烈順從感的人。我們將在不久後探討怎麼做。

100%順從　　　　　　剛剛好　　　　　　100%趨異

在趨異的「金髮姑娘」區，個人仍能替群體增添價值，
但或許會被視為局外人

---

1 譯者註：金髮姑娘原則（Goldilocks principle）來自英國童話《三隻小熊》。金髮姑娘誤入熊屋，在偷吃三碗粥、偷坐三把椅子、偷躺三張床後，覺得不過冷、不過熱的粥最好，不太大、不太小的床和椅子最舒適，因此金髮姑娘原則指「恰到好處」。

## 趨異不僅關乎你是誰

說到趨異，有兩大要素交互影響：一是個人，一是個人所在的群體。我們可能乾淨俐落地嵌入一個群體的常規，卻大大背離另一個群體。可見我們的趨異會因背景而異。我們就是有可能和群體的他人有不一樣的觀念、知識、習慣、理解和行事方法。有些人無法掌控驅使自己趨異的心性，有些人則可以。兩種人都具有價值。

讓我們看看各種不同的趨異，以及一些傳統上視為缺點的特質，其實可以看作超能力。

## 非自願的趨異

有些人與身邊的人截然不同，並非出於自己的選擇。他們可能是不同性別、不同膚色、有不同出身或以不同方式運作的大腦。很多時候，這些差異會被視為問題。這可能讓個人不是滋味，而使組織錯失良機。但這些正是讓我們之所以是我們的因素。因為它們讓我們與眾不同，也讓我們更有價值。

非自願的趨異有四種形式：

- 多樣：人生來就有千千百百種，這包括編入我們DNA的特性——例如我們的性別、種族和體能強弱——以及大腦線路連結的各種方式，即導致失讀症、自閉症、注意力不足過動症和其他症狀的神經多樣性。
- 背景：也就是塑造我們的環境。若說多樣性是「先天」，那背景就是「教養」了。那包括我們在哪種文化中被拉拔長大，我們所受的養育、教育，我們有多貧窮或享有多大的特權。
- 創傷：這些事件改變了我們，迫使我們重新定義自己是誰，要表現出怎樣的言行舉止。我們生命中的關鍵點包括意外、傷害、虐待、喪親，和其他任何對我們一生構成深刻情感或實質衝擊的事件。
- 疾病：對我們造成影響的病症，包括長期或暫時折磨身心的病痛。其中至關重要、當列入考量的是心理疾病，而這在世界許多地方節節攀升。

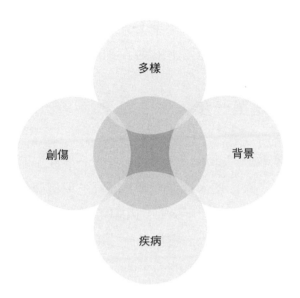

非自願性趨異的四種類型

你可能會覺得這些主題怪尷尬一把。我把你拖進政治正確的布雷區了。但就是這支政治正確大隊讓這個主題變得如此棘手。我認為不該抹消這些差異、試著讓人人如出一轍，而該頌揚這些差異，以及它們可能發揮的絕佳潛力——如果我們讓它們發揮的話。

別誤解我的意思。我不是在否認這些差異可能讓個人的生命更艱難。我是在想，若僅聚焦於負面意涵，只會讓這些主題更黑暗、更尷尬。這裡也有正面意涵，可能需要花點時

間和心力去找，但趨異在人身上引發的觀點、知識、技能、
應對機制和態度，可能對生出點子彌足珍貴。

## 多樣性只是第一步

　　現今多數公司都承諾會解決本身的多樣性議題。典型的
做法是讓更多女性進入管理階層、推行各項措施促進不同種
族、性取向、宗教、年齡、性別和身心障礙員工之平衡。好
極了。倘若你的組織尚未實施如此計畫，快亡羊補牢吧！不
過，多樣性只是解決方案的前半部而已。

　　多樣性的重點是廣納百川，讓光譜更廣的員工能進入職
場，但如果只是要將這些形形色色的個人變成想法一致的工
作單位，那便是摧毀差異的價值了。真正開始思考這件事情
的公司並不多。

　　要在組織中取得較多樣化的思維，多樣化的職場或許是
最強大的方式。前提是，你要讓它發生。

---

*多樣性只是解決方案的前半部而已*

---

　　要管理一個部門，一視同仁比較容易——彷彿每個人都
有同樣的技能、同樣的潛力、也與其他人走同樣的途徑。任

何常規外的事情都被拋棄，但你真正拋棄的是機會。

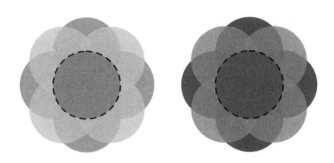

**擁抱員工的差異，能大大增進你的機會**

員工真正的價值在於他們的差異性。他們的知識、技能、觀念及讓其獨樹一幟的其他種種，是你該尋求利用的東西。這需要不同的管理風格，需要你試著汲取個人最好的部分，而非試著讓大家都一個樣。這意謂著要以員工所做的事而非做事的方式來衡量他們。這可能需要你多花一點工夫，但將造就更好的思考和新鮮的點子。

Direct Line 公司的馬克・伊凡斯（Mark Evans）一直依據每名員工的獨一特質塑造他的部門，尤其著眼於神經多樣性。他相信這會是公司最大的優勢。

「顯然，思考的多樣性可能促成更棒的創新。」馬克這麼說，明確傳達了我的想法。「我們設了『點子實驗室』，

任何人都可以貢獻點子，而每個點子都會獲得聆聽，並由適當的人處理。那象徵了這個事實：我們欣賞多元思考會創造突破性解決方案的概念。」

由於心向多元思考，馬克一直支持部門裡的神經多樣性，甚至改造徵才過程，讓其更適合神經多樣的人才。「腦袋運作方式不同」被視為一項優點，而非令人不快的麻煩。

就算擔任行銷總監，位高權重，倘若沒有公司其他高層的支持，馬克或許也做不成他正在做的事。所幸，他得到領導團隊的全力支持。「我覺得那已嵌在我們的文化DNA中。我們的人力資源總監和執行長無論對內對外，都是大鳴大放的倡議者。所以我覺得我們真的流著這樣的血。」

由衷希望馬克開創性的方法，很快能成為商業世界的常規。

## 自願性的趨異

如果你沒那麼幸運，天生沒有與眾不同，仍可能培養出一些有價值的趨異。這完全歸你掌控。你可以憑意志打開和關掉它們，也可以調大調小。你可以只用自己感覺舒服的，忽視其他。它們能強而有力地帶你逃離群體的規範。

你可以運用的方式有四種：

- **唱反調**：不要接受事物的表面價值，另尋他法，包括質疑、評估、提供更好的行事方針。有些人天生似乎就比其他人愛唱反調，但這是任何人都可以培養的特質。只要確定自己不光批評，也要進一步提出有建設性的建議就可以。
- **做夢**：也就是運用想像力助你探究機會和可能性。那需要你放鬆下來──讓「預設網路模式」接管。這將幫助你想像前因後果、從別人的觀點看出端倪，並提出新的解決方案。
- **改變狀態**：這可以暫時改變你的心智運作方式。不同的狀態可以移除心理障礙，帶你的大腦前往新的地方。那不只是飲酒嗑藥──還包括冥想、運動，甚至可以改變大腦運作模式的電子設備。
- **玩耍**：這相當有用，可讓一個人或更多人暫時脫離集體常態的假設和限制。與多數人的理解相反，這不是工作的反義詞。你可以運用玩耍來收集資訊、探究不同的觀點、產生點子、促進思考、評判選項和做其他林林總總的事。

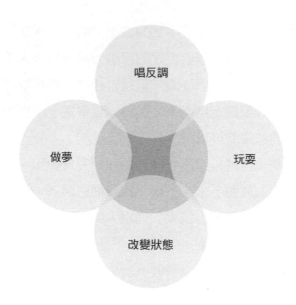

**四種自願性趨異**

　　這些都是突破群體常規的有效方法。但你需要有建設性地加以運用。否則到頭來沒有人會想跟你共事。

　　下一章,我們將看看如果你真的想要成為點子高手,尚需培養哪些技能。

── 實地演練 ──

# 試著唱反調

選擇一件你習以為常的事。可以是與工作相關，也可以是私人的事。

● 分解成它的組成步驟：
  比方說，如果你想的是平常怎麼上超市購物，或許可把它分解成：計畫下星期要吃的餐點和食材、列出食材、翻翻櫥櫃的東西、把你已經有的刪掉、帶著採購單上超市、流連走道拿你需要的東西、去櫃檯結帳、帶回家、把每一個品項放到正確的位置。

● 選擇讓你最不爽的部分。
  在這個例子，我們會選擇上超市拿商品這件事。

● 界定出你想取代那些步驟的目的，列出每一步驟的輸入與產出。
  在這個例子，我不喜歡的步驟是上超市買我缺的東西。
  輸入是列出採購單。
  產出是實際買回家的品項。

- 將這些資訊做為簡報,想出替代方案。

  這給予我們諸如此類的選項:

  －找別人幫你買

  －造一部機器人上超市購物

  －搬到離超市近一點的地方,讓購物行程不會那麼折騰

  －把購物行程變成遊戲,讓它更有樂趣

  －將它納入健身運動,讓你獲得更多益處

  －和收銀員交朋友,讓你期待過程尾聲的親切交談

- 評判你的點子,看哪一個能帶給你最大的好處。

  在這個例子,能帶給我最實際效益的是:把超市行程變成健身運動的一部分。但若要簡單、輕鬆,那就不如找人幫我買了。一種絕佳的代購方式已經存在,所以我決定開始網路購物。如果世上還沒有辦法能解決你的問題,那就是你自行開創的機會了。

養成習慣,把這種方式應用到各式各樣的事情上,尤其是惹你不快或覺得毫無效率的事情。如果你一直在設法讓事情為你自己變得更好,那你一定會想出辦法,讓事情為眾人變得更好。

# 第 5 章

# 動力

（或者）

## 點燃心中之火

偏離常規就像擁有一半的超能力。沒有另外一半的能力，你頂多是與眾不同、奇特，甚至陰陽怪氣。

## 如果你沒有天性，就靠教養

有些人似乎有強過他人的幹勁和活力。別人一聽到他們最近在忙些什麼，常不由得問：「你是怎麼生出時間做那件事的？」他們一天也只有二十四小時，完成的事情卻遠比別人多。而這些人擁有的智慧、知識和技能也並不比別人多，至少一開始沒有。他們只是有更強的動力，能激勵自己做事情。

最簡便的說法是有些人天生就是這個樣，其他人則不然。那只是這句話的精簡版，「我很懶，不可能費心做什麼改變。」或許真的有些人生來就比他人有更多精力和動能，但有更重要的因素賦予我們做事的動力，其中有許多完全掌控在我們手中。

### 找到你的熱情

如果你不喜歡做某件事，那感覺起來就會像苦差事。個人非常討厭算開支和記帳。會計工作對我來說宛如《哈利波特》的「催狂魔」（Dememtor）；會吸走我生命的每一分愉

悅。每當黑夜來臨，總是提不起勁挖出我需要整理的收據盒。當然，那代表我會一拖再拖，直到變成無法避免的巨大酷刑，當然那會進一步加深我對這項工作的畏懼。

任一種創意的追求也是如此。你必須找出自己感興趣的事物，用那來鍛鍊你的創意肌肉。你可能著迷於影片拍攝，而這會帶給你學習更多相關知識，並親自嘗試的動力。那很棒。但也許你的熱情存在於創意領域之外。

你可能中意洞穴探險（真的有這種東西──如果你從沒聽過，查一查吧！）。你可以用你不尋常且危險的嗜好，做為拓展知識技能的催化劑。學習長時間曝光攝影是一種絕佳方式。或者製圖。或者寫部落格。

當你找到你的熱情，就用它來點燃創造的動力。因為你若是不喜歡做某件事，就絕對不想持續下去。

*找出自己感興趣的事物，用那來鍛鍊你的創意肌肉*

## 先完成小事

如果你從未執導過影集，從六集電視系列開始就未免太有企圖心了（相信我，我幹過那種事，簡直要我的命！）。從三十秒的短片開始會是好得多的主意。然後再延長為兩分

鐘的影片。繼續這樣做下去，直到你準備好成就一番大事為止。

　　這一路的每一個階段，你都會學到東西，而且是靠實作學習——我覺得這是最棒的方式。更重要的是，你陸續完成的事，能提升你持續的動力。若走得太久而缺乏成功感，你的能量就很容易在你完成任何事情之前耗盡。

## 與善者結交

　　有句俗話常被人反覆引用，而出處歸給多位激勵人心的演說家和作家，「找出你花最多時間相處的五個人，你就是他們的平均值。」這句話常被拿來做極端的詮釋，建議你拋棄拉低水準的人，開始結交雄心勃勃的成功企業家。拜託別這樣！我認為這真的不是明智之舉，很可能會以失望收場。但在這句引言的背後，確實蘊藏著智慧的金磚。

　　使你服從群體常規的社會影響過程，也會使你變得更像與你相處的人。最好的做法是想辦法多多跟你崇拜的人相處。參加群組會議（meetup）、加入專業協會、出席活動、搜尋網路社群等等都是可行之道。只要這麼做，你就會明白他們在講什麼、為了什麼興奮、有何抱負，以及許多其他有用的資訊。

　　比方說，如果你想要多學一點平面設計，可以在LinkedIn

找到一千五百六十四個專門探討這個主題的群組。你很快就能判斷出哪些群組有適合你的成員和話題。在 meetup.com 輸入「設計」關鍵字，會跑出綿延無盡、在倫敦方圓十哩內聚會的團體名單（我花了好幾分鐘才拉到最底下）。你可以挖得更深、尋找自己的利基，並多花點時間和那些會為你增添熱情的人在一起。

這些人士通常樂於與你分享他們的智慧與經驗。這些群組會在你卡住時給你建議和鼓勵，甚至為你開拓機會——如果你想揮灑熱情做更多事的話。如果你想繼續前進、精益求精，那些至關重要。

## 做就對了

我們真的很容易找到不做什麼事的藉口。不必花什麼力氣就能說服自己，有充分的理由不去做。但這些理由多半受到頗嚴重的誤導。最常見的是，你覺得自己有知識缺口。你要多了解一點才能正式開始。

這是基於一種根本性的誤解。

## 學與做不該分開

傳統教育觀念說，你必須先學會所有資訊，再付諸實行。我們的大專院校就是遵循這樣的運作方式。不論你是接

受律師、會計師、醫師或建築師的訓練，都要花很多年坐在
演講廳裡寫筆記、通過靠記憶的考試（因為絕大部分的考試
都是那樣），才能做好執業的準備。但這種方式就是不適合
這個瞬息萬變的世界：這個新技術轉眼過時、新途徑讓行進
緩慢的公司變得無關緊要的世界。

　　更好的學習方式是什麼呢？不妨想想你是怎麼學樂器
的。先花三年學習樂理才親手拉小提琴，不大可能讓你成為
音樂會級的演奏者。反之，你要先從基本的著手，尖銳刺耳
地爬過音階、拉過童謠，然後進階到簡單的樂曲，反覆練
習，鍛鍊肌肉記憶、琢磨技巧。樂曲會變得愈來愈難，直到
你能流利地讀懂音樂，像說話般自然地運用樂器為止。你每
學會一首曲子，成就感就增添一分。就是這樣的成就感賦予
你前進的動力。

　　任何需要創造力的東西都是如此。很多藝術家說他們別
無選擇，非創作不可。就是創作讓他們覺得愉快和滿足。而
這是有原因的。

---

*成就感賦予你前進的動力*

---

## 創意永動機

你或許有注意到，過去幾年成人著色本大受歡迎。原以為那只是一時流行，沒想到內人購置了幾枝氈頭筆，開始努力完成一些別致的圖樣。然後她下載了幾個著色 APP 到手機，以便隨時隨地都能畫。現在我明白魅力何在了。

這類書籍讓每個人都能親近創意的效益。門檻很低，你不必具備什麼高超的技術就能開始。它們賦予你熟能生巧的滿足感。每畫完一頁，都能得到一點大功告成的愉悅。再者，你要從哪裡著手、用什麼顏色、多快完成、用鋼筆還是鉛筆，全歸你掌控。那完美示範了當你開始從事創意時，會發生什麼事。

凡事起頭難，但當你完成某件作品，那會給你情感的報償、維繫前進的動力。這是永續的創造循環，努力會帶給你滿足感，滿足感又能帶給你繼續努力的幹勁。

一旦開始，要持續就容易多了。

創造的努力能帶給你滿足感。滿足感又能帶給你繼續創造的幹勁。

實地演練

# 開始追求熱情

當你發現某件引人入勝的事，有時很難知道從何開始。我們面對的重重未知，就像一道無法穿越的障礙阻絕我們。現在就讓我們把那道障礙處理掉，助你走上振奮之路吧。

首先，挑一件感興趣的事，可能是水彩畫、雜耍、火箭科學或鞋子設計。那件事會讓你產生這樣的疑問，「不知道別人是怎麼做的？」或「人們是怎麼學會那件事的？」。會問這些問題代表你有知識缺口，而那等著你用資訊填補。你對該領域的興致將促使你像海綿般吸收細節。

要走上振奮之路，我們要使用古典派的求知、行動及參與模式。

**求知：**

要從填補知識缺口開始。這將為你的工作奠定基礎。這個階段可能只會引來更多問題，讓你明白自己所知是多麼有限。就算你一無所知，也別被嚇住。每個人

都是從一無所知開始，一邊前進，一邊學習。

我建議你不妨直接搜尋「雜耍入門」、「如何成為鞋類設計師」等與你感興趣領域有關的詞語。記下你感興趣的部分。看看成功人士的專訪。讀讀網路評論和批評，了解人們是怎麼評斷好壞的。如果你了解區分「好」與「優」的標準，就會更加了解哪些知識著實重要，哪些不然。

**行動：**

趕快把你的手弄髒。這是你進入創造／動力循環、不斷前進的機會。

先觀賞能給初學者個別指導的 YouTube 影片，這能讓你繳最少的學費。上手後，你可能還想到 SkillShare 或 Udemy 上一些更專業的線上課程。好的課程或許會花一點錢，但到那個階段，你應該已經具備足夠的熱忱和動力，樂於自掏腰包提升自己了。繼續加油，再加油，你很快就能準備就緒，進入下個階段了。

**參與：**

你想要與興趣相投及成就斐然的人交往。熱情洋溢的人，多半會圍繞其感興趣的領域集結成群。搜尋他們

討論那項興趣的網路社群。加入，並開始提問。你會發現人們有多樂意分享自己的學識和經驗。

如果你住在城市附近，可能會發現這些熱情人士真的喜歡「面聚」。查查 meetup.com 之類的網站，看看你所在附近是否有這樣的團體。去跟他們聊聊天。熱情人士最喜歡有人跟他們志同道合，且一樣熱情澎湃了。

最好的起跑方式就是開始跑，跑起來。就像吃一片披薩，獲取所需知識的最好方式就是一口接一口吃。著眼於旅途本身，而非一心想要抵達終點。旅途才是樂趣之所在。但是如果你無法享受樂趣，就不會去做了。

第二部

# 創意結構

# 第 6 章

# RIGHT 程序

（或者）

## 畫出通往妙點子的路線

　　畫室的經典形象是個亂七八糟的空間，牆邊堆滿半完成的畫布，到處散落著水彩筆筒和顏料。看來雜亂無章，或者不特別衛生。

　　作家的經典形象，則是一個人坐在電腦鍵盤前，旁邊擱著一杯威士忌，等待靈感。

　　作曲家的經典形象是一個人弓著背抱著吉他，嘴角叼著一根菸。

　　以上會讓你想到程序嗎？八成不會。

　　但程序就在那裡。從無到有的旅程，需要一些明確的步驟。

　　有些人沒意識到自己正在走某種程序。有些人刻意不去質疑自己的所作所為，以免害魔法失效。也有人想保持神祕，讓自己看起來更有趣、更有魅力。

　　或許是我大腦的程式設計師喜歡把東西撕開來，看看那到底是如何運作。我不喜歡那種魔術箱式的運作法。個人覺得，如果了解事情怎樣運作，執行起來就會比較輕鬆——也比較容易精進。

## 撬開黑盒子

　　生出點子是一個過程，是一些幫助你從 A 點到 B 點的步

驟。你需要依序採取這些步驟,而你執行得好壞,將影響最後可能得到的成果。

　　了解這些步驟,就能藉由發展最弱的領域來改善自己的產出。了解如何有效地計畫和管理這個過程,便能從團隊汲取創意。

　　從想要一個有效的點子,到真正生出點子,需要哪些步驟呢?我用一個簡單的頭字語來代表。

驟。你需要依序採取這些步驟,而你執行得好壞,將影響最

　　這裡沒有什麼革命性的概念,就是遵循基本的「輸入—處理—產出」流向,始於理解問題,止於提出可能的解方。但令人驚訝的是,當人們或企業尋找點子時,很少真正照這個程序走。通常有人會喊「嘿,我們來腦力激盪一下吧」,結果根本激盪不出什麼有價值的東西。那是因為他們省略了大部分的程序。

　　想要略過前幾個步驟、直接跳入開始想點子的階段,是人之常情。畢竟那才是令人興奮的部分、才是我們視為「創

意」的部分。但憑空想像，不大可能帶給你最好的點子。

　　我們稍後會回來看看，如何在組織裡管理這個程序。至於現在，讓我們一一走完這些步驟吧。

## 探究

　　甫從大學畢業，我就在小蘇格蘭村裡一個相當可愛的錄音室擔任錄音工程師。我們有各式各樣的預約，從簽約藝人到重金屬翻唱樂團到酒吧巡迴演出都有。比較不專業的樂手會說：「我們會在混音時修一下。」不用多久你就知道，沒有那回事。

　　以往，錄音採用類比（analogue）的方式，我們錄進帶子裡，因此一拍小鼓也不能出錯──不像現在。要獲得高品質的產出，就要從高品質的輸入開始。過程能做的只有那樣。

　　如果你想有效解決問題，就必須充分了解問題。那需要深入挖掘也許過往不曾注意到的東西。如果省略探究，過程中的每個步驟都會遭殃。

---

*要獲得高品質的產出，就要從高品質的輸入開始*

---

## 分解

在此關頭，你要將問題分解成多項要素。有哪些步驟？輸入是什麼？產出是什麼？目前需要什麼資源？你一邊做，對問題就有更深入的了解。說不定光靠這樣撕碎問題，問題就迎刃而解了。如果你有什麼不清楚的地方，請用功研究。你需要知道哪些部分可以改變、哪些不能。如果你的知識有缺口，是無法了解這些的。

## 找對人

把每一個與此有關的人鑑定出來。誰是受眾或顧客？誰會被捲入過程？誰施加限制，劃定什麼可行、什麼不可行？誰左右人們的期望？誰可以決定要不要實行你的構想？把你想得到的每個人列出來。

再來找出對你試著解決的問題至關重要之人。他們受什麼驅使？什麼可以改善他們的情況？如果他們是問題的根源，為什麼會這樣？設身處地，從別人的角度看問題。對他們來說，什麼是理想的解決之道呢？

花點時間和最重要的個人相處、認識他們，顯然是上上之策。說不定只要觀察他們行事方式，就能帶給你寶貴的資

訊，成為妥善解決問題的關鍵。

## 打破砂鍋問到底

一九五〇年代，大野耐一首創豐田生產方式。他的思維協助提升了公司的效率和利潤，也比以往更有適應力。美國製造業公司紛紛採用其方式，稱之為精實生產（Lean Manufacturing）。

大野常說：「任何問題的根源都是一個長效解方的關鍵。」而他找出問題根源的方法，就是問每個煩人的四歲小孩都會問的問題，「為什麼？」

他相信，連問五個為什麼就能助你找到問題的根源。他舉一個假設的情況為例：一部電弧焊接機器人意外停擺。他一連串的問題像這樣：

「機器人為什麼不動了？」——電路超載，把保險絲燒斷了。

「電路為什麼會超載？」——軸承鎖住了，因為軸承的潤滑不夠。

「為什麼軸承的潤滑會不夠？」——機器人的油泵打出來的油太少了。

「為什麼油泵打出來的油會太少？」——油泵的進油口

被金屬碎片堵塞了。

「為什麼進油口會被金屬碎片塞住？」——因為油泵沒有濾網。

就這麼簡單，而且非常有效。我發現這往往會揭露，問題跟你一開始想的不一樣。

## 洞見

「洞見」（insight）這個詞的問題差不多跟「創意」一樣大。大家一般不怎麼了解，而願意舉手請求清楚解釋的人更是少之又少。

這就是過去幾年我一直在做的事。我請教策略師、規畫師和商業顧問他們所謂的洞見是何意。他們的回覆從一臉茫然到結結巴巴的解釋都有。話中夾帶的「呃」和「嗯」比平常講話來得多，但我發現就算在同一個業界，也沒有眾所一致的理解。

就 RIGHT 思考而言，洞見就是一件可啟發構想的資訊。不過那可能難以界定。

## 洞見矩陣

　　如果你想知道什麼可讓一件資訊具啟發性，不妨想想星期五夜你可能邊喝啤酒、邊告訴人們的那種事。你不可能告訴他們平淡無奇或無聊透頂的事，那會招致奇恥大辱。洞見的情況也是一樣。你只應分享有趣且獨到的資訊。

　　為了更清楚說明，可用下面這個洞見矩陣核對你的想法：

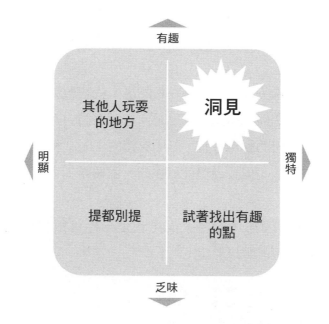

如果你想知道你的資訊有沒有用，請用這個洞見矩陣判定

讓我們分別細述這四個象限：

## 明顯而有趣

這是其他人玩耍的地方，而且說不定已經玩了好些時間了。你在其他人都有的資訊中找到新東西的機率微乎其微。時間愈久，這些東西會變得愈無趣，最終掉入左下角的象限。

## 明顯而乏味

這是「大家都知道」的事，不值一提。對於該象限的假設，你唯一能做的有用之舉，是完全顛覆、徹底推翻。

## 獨特而乏味

倘若你覺得有什麼很特別，那多半饒富生趣。但如果你真的發掘了什麼過往不曾注意到、但相當乏味的事，請再挖深點，裡面可能有什麼趣味在。或者那會把你帶往另一個更具啟發性的花絮。

## 有趣而獨特

恭喜中頭彩！這是好東西。這在常規之外，洋溢著各種可能。也正是此類的資訊最可能激發有用的點子。

## 「什麼」背後的「為什麼」

在我的顧問生涯見過數百份出自各種產業部門的簡報。那些簡報通常是由規劃師或策略師製作，他們的職責是界定問題、發掘洞見、給予創意部門激發絕妙點子所需的一切。

但經常是，他們給不出洞見，只給得出觀察。

例如你可能會聽到他們說，二十多歲的人在星期五穿不成對襪子的比率較其他平日高17.4%。那或許很有趣（且純屬虛構），但只是項觀察罷了。要等你了解到因星期四是新的飲酒夜，於是讓星期五成了新的宿醉日時，才變得重要。而當你覺得難受時，也較可能隨便抓了襪子就穿。

一項有趣的觀察本身即可能有幫助。那可能提供靈感，這也是理當發生的事。不過，更有價值的事是找出有趣觀察背後的有趣原因；找出「什麼」背後的「為什麼」。那可以帶你步入正軌，著手對付更接近議題根源的事物。

在一九五○年代的美國，通用磨坊（General Mills）創立Betty Crocker蛋糕預拌粉的生產線，想打進蓬勃發展的便利食品市場。諸如咖啡粉、速食馬鈴薯泥、冷凍食品和奶粉等產品都愈來愈受歡迎，因此該公司研發了所能想像最簡單的蛋糕粉。只需要把他們的粉末倒進盤中，加水和一和，拿去烤箱爆一下就行。這是便利的定義無誤。相信必能大賣。

　　但它仍穩穩坐在超市的貨架上，人們就是不買。這是觀察。多數公司可能會嘗試著大打廣告、發折價券或靠公關宣傳來正面迎擊該問題，但通用磨坊決定挖得更深一些。為幫助他們找出這項商品被冷對待的原因，特別僱用了一批心理學家。心理學家發現的事實令人驚訝：這項產品讓事情太容易了。這讓當時的家庭主婦覺得內疚。蛋糕固然美味，卻讓她們覺得自己好像欺騙了家人。

　　這項發現背後的有趣原因，鼓舞通用磨坊做了簡單但扭轉局面的調整：讓它沒那麼方便。他們調整配方：現在需要另外打入一顆真正的蛋。一顆蛋，就是所需的一切。

　　這裡的觀察是商品賣不出去。洞見則是它讓主婦有罪惡感。

## 找出有趣觀察背後的有趣原因

　　這種方法不一定要跟人有關。它同樣適用於制度、過程、工程和其他理性的追求。一九八六年一月二十八日，美國航太總署（NASA）太空梭挑戰者號（Space Shuttle Challenger）在升空七十三秒後爆炸，七名機組人員無一倖存。這是起全球性的悲劇，爆炸鏡頭一再於全世界的電視螢幕播放。那對像我這種嚮往登上太空的年輕人產生巨大的衝

擊。NASA必須釐清該起災難的真相，想出有效的解決方案。他們設立羅傑斯委員會（Rogers Commission）、聘請知名科學家理察‧費曼（Richard Feynman）協助調查。他們從爆炸鏡頭觀察到，其中一個固態火箭推進器的O型密封環失效了。一般人很容易在此止步，怪罪那批貨有瑕疵。但這並不能根本解決問題。費曼繼續挖掘，發現O型橡膠圈無法在攝氏零度以下完全膨脹；而這就是那天發射台的溫度。這個洞見促使NASA重新設計固態火箭推進器。

倘若想獲得最好的解決問題機會，務必要超越觀察，直到你找到原因為止。

## 更多資料，更多問題

你很可能在探究階段收集或鑑定出一些資料，覺得那會在思考時扮演重要角色。那很棒。也許你是對的，但需要先做點功課。

過去幾年，組織一直執迷於資料。他們窮極一切可能收集資料，且多多益善，這意謂著世界的資料每兩年就增加一倍。但資料本身是沒有用處的。要讓資料產生價值，你必須用點頭腦。人們在電子計算發展初期就知道這件事了，「DIKW金字塔」在當時即已建造。那像這樣：

致力爬到DIKW金字塔的頂端

## 資料

這是一切的開始。就是收集一堆有的沒的。除非你善加處理，否則那幾乎毫無用處。

## 資訊

動一動頭腦，便可從資料汲取意義。我們可以描述現在發生的事，及其代表什麼。

## 知識

進一步將來龍去脈、過往經驗、價值觀和其他要素應用在資訊上，便能得到知識。這給予我們更實用的理解。

### 智慧

這是資料的「聖杯」。有人將它描述成「知其所以然」，就是這樣的理解可能產生洞見和更好的決定。

現在你已獲得所有資訊，或許會想把它集合成一份精闢、簡單、精采的簡報。這將有助你沿著正軌前進，且可望迸發出一些令人驚訝到下巴都要掉下來的點子。

# 產生

這是你的趨異與動力真正發揮作用之處。它們將合力助你探究常規外的構想空間。你的趨異會帶你闖進新穎、有價值的思考領域；你的動力則會賦予你繼續尋找的衝勁。

世上有不虞匱乏的創意技巧，能幫助個人或群體想出異想不到的點子。我個人就收集了數十種。但如果你沒有進行探究、沒有找出洞見，而直接跳到該步驟，這些技巧是幫不上什麼忙的。你固然能產生一大堆點子，但那些並無法發揮真正的價值。

所以，就算你可能覺得這是最令人興奮的步驟，也得阻止自己直接跳過來。

## 逃離常規

前文已說明，如果你想要生出寶貴的點子，就需要跳脫群體標準、常規的思考。再者，如果你連自個兒的常規和心智窠臼也能跳脫，那就更好不過了。這個階段就是要你闖入陌生的思想領域。

丹尼爾‧康納曼（Daniel Kahneman）在著作《快思慢想》（*Thinking, Fast and Slow*）中，假設我們絕大部分的思想是直覺、無意識的。我們傾向沿著久經考驗的心智路線前進，因為它們簡單、熟悉、神經連結也比較強。但是光坐在書桌前，強迫自己做陌生的思考，你可能走不了太遠。那就是我傾向運用技巧和工具來強迫自己朝新方向思考的原因。這樣的演練會透過下列方式助你想出新的點子：

- 改變你腦袋裡的東西
- 改變你腦袋的運作方式
- 改變你想當然耳的假設
- 改變規則
- 改變你的環境

在此階段，天生的趨異可為你帶來優勢，但就算具有這種優勢，你也會想力求新鮮、跳脫自己習慣的做事方法。

倘若不繼續挑戰自己，就連最棒的爵士樂手也會落入窠臼、了無新意。求新求變，能確保你的思考不會變鈍。

## 選擇趨異

最好的創意工作是化為玩耍；提出新規則給人們依循、新方式給人們互動、不同的角色給人們履行，並界定一致努力的目標。若做得恰當，這種方法相當強而有力，因為那讓人們跳脫日常工作慣例，創造一種暫時的新狀態，提供人們運作。

更重要的是，好的玩耍狀態會消除那些動輒扼殺點子的事物。例如先入為主的評斷、重重限制的過程、內部政治、高階主管的恐懼。他們創造了人人不分層級都可貢獻己力的環境。

我們稍後將在本書探討如何有效管理群體的思維。

## 去蕪存菁

這個步驟不光是要生出點子，更要生出最好的點子。而這就需要判斷了。

判斷常被視為消滅可怕構想的過程，但常因處理不當，

往往扼殺了絕妙點子。反之，你若將其用於發現機會而非查出問題，它的威力會更加強大。如此一來，有潛力的點子就可能存活而獲得精進了。因為在這個階段，點子還不大可能被徹底考慮清楚，尚未做好上路的準備。

　　要善於判斷，需要累積經驗。你做得愈多，就愈知道該注意哪些事項。

　　如果這個階段進行順利，你將會有一票潛力雄厚的點子。現在，是釋放那些潛力、將點子化為奇思妙想的時候了。

---

*要善於判斷，需要累積經驗。*
*你做得愈多，就愈知道該注意哪些事項*

---

## 琢磨

　　產生構想的階段要我們盡可能廣泛思考。那著眼於生出許多形形色色、妙趣橫生的點子。這些點子自然只是初步構想。很多時候，它們不過是暗示「這可能有點用處」的指標，它們很可能不是每個必要條件都符合，你甚至不知道究竟可不可行。這都沒有關係。

這個步驟是要我們從思考的廣度轉往思考的深度。

我們要挑出最好的點子，讓其盡善盡美。我們要在這裡把粗糙的點子轉變成特別之物。

## 莫忘初衷

你該就所選擇的每一個點子做的第一件事，便是提醒自己它們有多棒。點子就像笑話。同一則笑話，你只有在第一次聽時會笑，之後再聽到，就沒那麼好笑了。同樣地，你愈是研究某個點子，那看起來就沒那麼出色。最後你可能會忘記當初它到底是哪裡特別，而提出平凡、妥協的產物。

請用幾個句子解釋這個點子到底好在哪裡。愈簡單愈好。加以敘述、說明它為什麼特別，並列出該緊緊抓住的要素。現在我們就拿最早的Dyson吸塵器做實驗，可能會是這樣：

- 這是一部用氣旋技術代替集塵袋的吸塵器。
- 它特別之處在不會失去吸力、強迫你購買新的集塵袋才能繼續運轉。
- 重要的元素包括動力不歇、設計優美、看得到收集的灰塵，以及易於使用。

緊抓住這些，不時的回頭提及這些，尤其在自己快要失去信心時候。除非你有非常充分的理由，不要任憑自己從該處漂走。

## 可以更妥善地解決問題嗎？

你已經明白自己的點子一開始好在哪裡，現在你想看看能否讓它變得更好。

回到你最初的目標。這個點子做得到你希望它做到的一切嗎？如果不能，你能否做些調整，讓它更適合那份簡報呢？如果你在過程一開始已具體指明目標，現在就是把那些目標拉出、一一完成的時候了。

現在檢視你的點子，看看有無任何不利條件。有你的受眾或組織裡的決策者會反對到底的東西嗎？試著盡可能化解這些問題。

只要確定一點：你的替代方案不會傷害一開始讓點子那麼好的特色。比方說，倘若你真的很喜歡一個可望助你脫穎而出的行銷點子，就別添加任何會讓你更像競爭對手的成分，那只會削弱點子的力量。專心強化點子的強項、削弱點子的弱點。

# 首先：簡化

早期在擔任樂手之初，是為我服務的唱片公司一位出色的簽約創作歌手彈吉他。一九八〇年代，他的樂團一直是個訓練基地，培育出數名格拉斯哥出身的頂尖樂手。為其伴奏，就像當個搖滾學徒。

在某場排練中，他拿了一首新歌給我們。我開始拿著吉他彈，試著給他留下深刻印象，但適得其反。彈奏完畢，他婉轉地告訴我，我彈了些才華洋溢的東西，但他寧可我不要彈那麼多。

因為你絕不希望聽眾求你少給一點。為了把話說得更清楚，他叫我任選兩個音符，整首歌想怎麼用就怎麼用。這是一種奇妙的自由。

簡單就是力量。你該拿你的點子去做的第一件事，就是簡化它，簡化成最重要的元素。修剪它，讓它回到赤裸裸的機能本質。你想要的是你可以用一個句子描述、可以畫在餐巾紙上，或搭一趟電梯就能解釋完畢的東西。

史提夫・賈伯斯（Steve Jobs）曾說：「創新是向一千件事情說『不』。」那些有時令我們興奮，但如果它們對點子無關緊要，就得捨棄。

殘酷一點。若它必不可少，就留著；若非必要，就捨

棄。

　　把你修剪掉的元素放在一旁，也許日後派得上用場。在這本書要削減字數時，我的編輯把上面兩句話括起來還給我。她是對的。

## 分成小塊

　　就是把超高級的構想轉變成你能確實執行的點子，也就是從「是什麼」前往「怎麼做」。

　　如果這是個程序，把它分解成步驟。如果是實物，把它分解成組成要件。如果是別的東西，你想怎麼分解就怎麼分解。先分成大塊一點的東西，再把大塊切成小塊是不錯的主意。

　　例如你在檢視線上購物的顧客體驗旅程（customer journey），或許也可從這樣的大塊著手：

- 開設帳戶
- 選擇商品
- 結帳

接著你要針對每一個步驟，再細分成更小的元素。例如結帳這個步驟或許包括：

- 列出購物車的內容
- 請顧客選擇付款方式
- 請顧客輸入詳細寄送地址
- 收款
- 確認購買

　　如你所見，這些步驟可以再細分成更多步驟。而你每次將構想分解成細項時，都要問有沒有更好的處理方式、那個步驟是否真有必要，因為有些最有趣的成果可能來自去除你原以為不可或缺的元素。

　　請一些人各自做這件事是不錯的主意，尤其是來自不同背景、不同專業的人。他們趨異的做法可能會把事物分解成截然不同的步驟，而這些觀點或許能開啟從未想過的新契機。

## 擦亮、擦亮、再擦亮

　　若說自己在各種媒體工作三十年的經歷讓我學到了什麼，那便是完成一件事情所需的工夫，往往比你預期的久。我常天還沒亮時就出現在辦公桌前，為作品在發表前做最後的潤飾。因為我不相信夠好就好。

如果你是藝術家，**夠好**可能不足以讓你贏得矚目。

若是公司，**夠好**會為你的組織惹來非議，顧客會批評你不夠尊重他們。

這裡你可能得從實招認，自己並未具備足夠的技能來以所期望的水準執行事情。若是如此，找能人來吧。如有必要，請人幫忙。你都已經走到這裡，而且點子那麼棒，若只能把它變成二流的東西，那就太可惜了。

## 測試

不管你有多深思熟慮，點子往往不會完全依照預期的方式運作。伍迪艾倫曾說：「如果你想逗上帝笑，就把你的計畫告訴祂。」我從經驗得知，這句話千真萬確。

我很幸運能說流利的 HTML 語言，所以每當我有什麼網站的點子，就會設置它。除了時間，不必花費任何成本，而且我每設置一次，就會學到新的東西。

每當我讓一個網站運作，就會請內人用用看，並觀察她怎麼用。不論我對可能發生的事情計畫得再周延，她從來沒用我預期的方式使用網站。就算我心裡氣得嘀咕「妳到底在搞什麼鬼？」，仍咬住舌頭，靜靜看她用。我會問她為什麼要那麼做，了解她的動機，然後回到我的程式碼，照著調整

網站。

　　內人是我的一人測試實驗室。對我來說，她是至關重要的一道程序。就算我實在很想告訴她該怎麼使用我的最新數位創作，但那不會有任何幫助。我不可能去每一個偶然於Google發現那些網站的人旁邊教他們怎麼用。內人協助我把點子變得更牢靠，讓更多人能從中獲得更多好處。

　　如果你不先測試，就對世界（或你的組織）發表你的構想，就不大可能發揮得淋漓盡致。

## 強大的銷售工具

　　多數時，人們只想趕快把點子變成PowerPoint幻燈片，向上司提報。然後它會被挑毛病、熱情消退，從此不見天日。基於許多理由，創造原型、加以測試的做法，能大幅提高點子付諸實行的機會。

### 證明論點的資料

　　好點子難免會碰到阻力。別人說「不」，不是因為構想不對，而是沒有充分的資訊讓他們說「好」。進行測試是堵住這個資訊缺口的理想方式。

## 說商業的語言

決策者喜歡理性的理由。這麼多年來我向客戶提出構想時最常聽到的一個問題是，「你可以告訴我這曾經在哪裡實行過嗎？」顯然這樣的問題頗為荒謬，因為你所提的是全新的點子，只是成功的測試結果能給予決策者比較具體的依據。

## 緊抓的浮木

原型代表你不必仰賴人們的想像，因為有些人並不喜歡啟動自己的想像力，他們認為想像力並不務實。但想像力豐富的人也可能造成另一種問題：你無法完全掌控他們腦袋裡發生的事。當我們給他們東西抓——實物也好、數位產品的模擬也好、系統圖表的列印稿也好——便能消除想像的必要。個人發現模擬數位經驗，讓客戶點點看、戳戳看，遠比光給他們看靜態列印資料來得有效。

## 展現信念

人們買的是商品，也是團隊。矽谷的大投資人深知這點。若你已經來到打造、測試原型的地步，那證明你的心已深信不疑、證明你已經有那份熱情與能量讓事情發生，才足

以讓你從眾人單調的PowerPoint中脫穎而出。

---

> *若你已經來到打造、測試原型的地步，*
> *那證明你的心已深信不疑*

---

## 困難的工作大都做了

最令決策者倒胃口的一件事，便是新專案帶來的額外工作、會議和挫折。除非絕對必要，毫無支持新專案的誘因。當你拿著測試過的原型站在他們面前，他們便了解許多痛苦的路都已走過，無須再擔心那個。倘若他們被手上的東西——新專案值得追求的證明——打動了，他們的頂頭上司也可能如此。

## 減少干涉

當你已經把點子帶到執行的層級，人們不大可能抹煞太多你已投入的心血。因此，為你的點子製作原型，便能帶領它在遭受他人影響前走完程序。於是，你有更好的機會在上司「開綠燈」的情況下，奠定穩固、專注的發展基礎。

## 該搞多大？

在你開始製作原型、加以測試前，想清楚究竟需要從這個階段得到什麼。你可能只需檢驗一下觀念，確定它可行，也可能想繼續用真實世界的回饋改善它。或者你需要一些具體的數據取信決策者，贏得支持。

先弄清楚自己的目的再開始。要是程序跑完，卻得不到想要的結果，那就遺憾了。這個觀念乍看十分明顯，但令人驚訝的是，人們有多常不先聚焦於「為什麼」，就逕行投入「什麼」。

你可能只需在紙上創造原型、確定邏輯和決策樹都已整理清楚，也可能需要製作3D模式來測試人體工學，或是需要找一小群顧客測試新流程。

如果你要利用測試幫助說服決策者採納你的點子，那麼找出最有說服力的資訊、依此設計你的測試，會是個不錯的主意。

花愈多心力在計畫製作和測試原型上，可能給予的幫助就愈大。

## 尖端木工技術

我是俗稱的「早期採用者」（early adopter），意思是我傾向在技術還常失靈、令人火冒三丈時就買下來，因為我很想看看那項產品到底試著做什麼。於是我有了一箱令人失望、未實現夢想的小機件。

Palm Pilot是極少數迅速在我人生找到一席之地的例外。我愛死它了。那是一場人稱GriDPad失敗實驗的驚人成果。GriDPad是一款手寫辨識平板，在一九八〇年代晚期上市──幾年後，Apple才推出它短命的牛頓（Newton）裝置。這些產品是現有智慧型手機和平板電腦的真正鼻祖，讓人們得以和桌上型電腦同步處理資料，隨時隨地保有生產力。但那些裝置並沒有人們希望的那麼便於攜帶，因此始終無法蔚為風行。

從錯誤中學習，傑夫・霍金（Jeff Hawkins）成立Palm Computing，繼續完成他可攜式生產力裝置的夢想。這一次他從尺寸著手──從而導致GriDPad滅亡的主因。他認為裝置的理想尺寸是剛好可塞進襯衫口袋的大小。所以他走進車庫，裁了大小相符的木塊。未來數月，這塊木頭便成了他的忠實夥伴。

傑夫把木塊放進口袋，每逢會議和商業情境就拿出來假

裝查看日誌、寫筆記或寫email。他不在乎自己的樣子有多奇怪，因為他正在腦中規畫和改進他的產品。他開始印出可能的界面設計，貼在他可靠的木頭原型正面。他會觸碰、輕刮這個想像的螢幕，拿一根筷子當觸控筆。

　　他就這樣連試了好幾個星期，拿一個純屬想像的玩意兒扮演單人白老鼠。這段期間，他了解了你會在哪些時刻使用該裝置、怎麼讓界面在小螢幕上運作、你的裝置和你的主電腦需要共享哪些資訊。等到這些通通整理清楚後，他才開始思考技術面。

　　沒有這個無用的木頭原型和天馬行空的想像力，你目前用手指戳的那片功能超強的玻璃，可能還要好幾年才能問世。

───── 實地演練 ─────

# 培養洞見

　　如果你善於發掘卓越深刻的洞見，就有更好的機會生出絕妙的點子。讓我們練習一下，如何找出「什麼」背後的「為什麼」吧。

　　首先，收集一些有趣的觀察心得，可能是關於人類行為、過程、設計或其他任何事物。例如你可能注意到人們常在自拍時扮鬼臉，或者在建築物的轉角，風常會把垃圾捲進小型龍捲風之中。

　　現在開始問「為什麼」，探究這些現象背後的原因。你可能要採用「豐田生產方式」，多問幾遍才能得到有用的答案。也可能需要讀一點心理學、物理學或其他領域的專業知識才能獲得正解。最後，想個能充分運用自己洞見的點子。可能是一項新產品，也可能是某項制度或其他事物的改進措施。

　　愈善於找出觀察現象背後的原因，就愈可能揭露實用的洞見。

第7章

# 培養技能

（或者）

## 創意不只一事

　　你八成遇過這種人：他想到某件事情的時間，比其他人早上好幾年。他的口頭禪是「我好幾年前就想到了」。他自稱，你手機上的APP，有一半他都想到過。他早就想到非接觸式支付的概念，遠比任何銀行來得早。就連那個避免披薩盒蓋壓到義大利辣味香腸配料的迷你塑膠桌，也早在他的腦海浮現過。

　　我想這個人說的很可能是實話。十有八九率先銷售某項新產品的公司，並非最早想到它的公司。我不是暗指他們抄襲剽竊，而是很多人約莫會在同一時間產生類似的想法，那是因為他們面臨了同樣的現實和問題。

　　酒吧裡的傢伙可能隨時都有一堆點子，只是不知道怎麼更進一步，或是懶得做功課，或是不敢做他可能會失敗的事。

　　想出點子，且能付諸實現，需要許許多多技能。如果你想一路走到實行階段，那些技能你全都需要培養——或是和能填補缺口的人合作。

　　你或許會訝異，提出點子的能力位於金字塔的最下層。

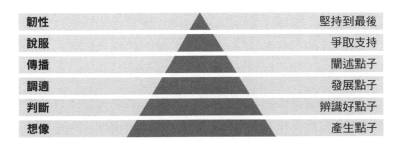

| 韌性 | | 堅持到最後 |
| 說服 | | 爭取支持 |
| 傳播 | | 闡述點子 |
| 調適 | | 發展點子 |
| 判斷 | | 辨識好點子 |
| 想像 | | 產生點子 |

創意技能金字塔　　技能愈稀有就愈珍貴

　　每在這座金字塔爬高一層，都需要一種更稀有、更珍貴的技能。培養愈多技能，你就愈有價值。要是缺了其中哪一項，點子問世的機會就相對渺茫。

*想出點子，且能付諸實現，需要許許多多技能*

## 想像

在我們開始之前，先給你的心智做點練習。

- 想像滑雪板上有隻寶藍色貴賓狗。
- 給駱駝和袋鼠生的雜種取個名字。
- 想一個把蛋打破的蠢方法，愈蠢愈好。

練習得怎麼樣？假如上述三題，你想得出任何一題的答案，那你就擁有想像力了。很棒！你已經來到創意技能金字塔的第一層。

但還不要覺得自己很特別。其實，幾乎每個人都能來到這一層，因為人生來就會想點子。酒吧裡那個什麼都想過的傢伙就位於這一層，但可能爬不上去了。

我們是運用想像力來想出尚未出現的事物。你可以用它來生出平凡無奇的東西，也可以用它來想像不可思議、前所未見的奇妙玩意兒。你可以把它當成交通工具，進入常規外的領域探險。想怎麼用都行，用就對了。用得愈多，就會用得愈好。

## 判斷

如果想出點子不是什麼不尋常的事，那麼能辨識出好點子的人就稀有多了。前往專利檔案館隨便抓一把，就能證明這點。你會找到讓你瞠目結舌的點子，例如「利用離心力幫助分娩的儀器」、驅除蚊蟲的「通電桌巾」（可能也會防止無禮的小孩把手肘擱在桌上），以及讓冰涼啤酒不會直接曬到太陽的「啤酒傘」。顯然，並非每個點子都是妙點子。

但判斷力是可以培養的。首先，讓我們著眼於發展對特

定事物的判斷力。如果你拿一支舊伸縮喇叭給我，我無從得知它的好壞，但我知道自己可以學。不過，在我請教過幾位專家後，相對就比較了解該如何判斷了。而若是我檢查過數百支伸縮喇叭後，就又更厲害了。

判斷力是知識與經驗的產物，自己做研究、向專家請益、多多接觸，無疑能讓你培養得更快速。但有些時候，我們必須判斷落在我們專精領域外的事物。這時不妨認識一下，我們整個身體是怎麼參與判斷這個舉動的。

多年來，我見過無數個絕佳點子死在糟糕的判斷手上。決策者常說「我就是沒感覺」或「那讓我不自在」或「我不知道什麼樣的點子才適合，但我一見到就會明白」。

這些人以為他們做得對，但他們誤解了情況。他們以為點子是在情緒凌駕一切的環境生成，所以他們只會用情緒評判點子。我認為他們被誤導了。

「直覺反應」（gut reaction，gut本意為腸子或內臟）的概念，來自我們遇到情況時，常感覺腹部或胸腔裡會起反應的事實。外界的刺激可能對我們產生生理效應，讓我們「覺得不大舒服」。

我們很早就知道消化道和心智之間的連結。我們的消化道是腸神經系統的家，那裡住著大約一億個神經元——比一隻倉鼠全身的神經元還多。也難怪那會被稱作「第二個

腦」。但或許令你意外的是，腸道與大腦之間的連結，有90%是單向流動──向上流動。腸子對我們思考的影響，顯然比我們的思考對腸子的影響來得大。

當我們萬分緊張時，便會進入所謂「戰或逃」的狀態。我們的腎上腺髓質會讓血液裡充滿腎上腺素和去甲基腎上腺素（norepinephrine，或稱正腎上腺素），然後消化道會逐漸停擺、膀胱鬆弛、心跳加快、血管擴張，而隨著全身上下的血液被重新調配，我們可能臉色蒼白或顏面潮紅。那種感覺一點都不陌生。

過去一般認定是，我們感覺到的情緒造成這些生理反應；但依據現今的理論，我們是先感受到生理狀況，接著掃視環境尋找線索，最後才將其詮釋為情緒。如果我們要做出好的判斷，就不能光是聽從那些生理反應。我們不能因為事情讓我們覺得不舒服就拒絕它。很多時候我們的腸子會起反應，是因為點子命中靶心。如果我們尋找的是新穎、挑戰現狀的東西，它很有可能讓我們覺得不舒服。它讓我們的腸胃躁動不安是有恰當理由的。我們需要解釋這樣的反應。

你要用理性、清醒的頭腦來檢查自己的反應。如果你知道判斷點子是否成功的標準為何，就可以依此衡量。如果不知道，你可以說：「我只是現在不知道。」然後離開現場、把標準研究透徹再做回應。

　　判斷需要累積經驗和智慧，僅憑直覺行事就像讓一隻膽小的倉鼠替你做決定。可惜，多數組織似乎都是這樣運作的。

## 調適

　　從鑑定出問題到實行解決方案的這段旅程，很少是直接或單純的。如果你要做一件從來沒有人做過的事——或起碼你自己沒做過——這一路將有許多課題需要學習。你會遇到障礙、出乎意料的發展和抗拒。不沿途吸收可能影響最終成果的新資訊，是走不完這段旅程的。邊走邊學是不錯的主意。

　　創業過的人都了解「軸轉」（pivot）的必要。我是從經驗明白這點的。二〇一〇年我離開廣告業，創立一家訓練公司。我在待的最後一家廣告代理商開辦一項學習計畫，看到那對工作品質產生直接影響，決定把它提供給整個業界。在我提出辭呈前，到處宣傳這個點子，很多廣告商表示感興趣。那看來是個很棒的點子。但我一進入市場，那場經濟大衰退便重創廣告的世界，訓練預算凍結。原本有意僱用我的服務的廣告商默不作聲，而我發現自己沒有任何收入。我別無選擇，唯有改弦易轍。

　　我轉進教育界，沒多久就在世界各地的大學開辦課程。我在智利教媒體、在新加坡教數位創意、在紐約教三百六十度影片製作。這讓我有機會做更多公開演說，讓我有機會主辦活動，讓我有機會書寫、執導、呈現一部六集電視劇，讓我得以進行有酬勞的演說，讓我有更多時間發展、測試我的方法。也促成了這本書。

　　我的人生就是不斷的軸轉。若能重來，我也不會改變做法。因為如果你做得正確，那必能提升最終的成果。

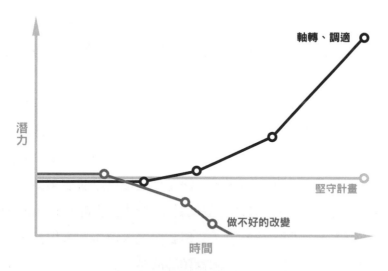

恰當的改變能改進你的點子、開啟機會

## 恰當的軸轉

這不是說，每當有新的資訊或新的批評朝你而來，都要修改你的點子。路克・蘇利文（Luke Sullivan）在他傑出的著作《喂，笨蛋，擠出來》（*Hey Whipple, Squeeze This*）裡用了「被鴨子啄死」一詞，來形容許多細微改變的累積效應。被一隻鴨子啄一下，不會對你造成什麼傷害，但啄了很多下，你就沒命了。點子的回饋亦是如此。

如果你的點子還不錯，想改變它的人不會少。人們告訴你，他們怎麼想，是因為他們想表現得聰明，他們想告訴你，點子得靠他們才能成功，他們擔心連鎖反應，或者──偶爾──他們是真心想讓點子更好。並非所有回饋都有價值，有些可能有百害而無一利。

---

*如果你的點子還不錯，想改變它的人不會少*

---

你必須知道該怎麼留在軌道上、知道何時需要軸轉。以下是一些提示：

- 莫忘初衷：首先，你需要弄清楚自己的點子到底好在哪裡。或許可以寫一小段文字，並列出幾個要點。如果你不清楚自己的魔法是什麼，就很可能會在旅途中

遺失它或損害它。

- 收集資訊：當遇到新的學問或回饋時，先抓緊你的點子，不要匆忙下定論。把所有資訊放在一個地方，以免遺失。

- 詮釋資訊：不要相信事物的表面價值。人們提供特定的變更而非觀察，往往是因為這能讓他們顯得更聰明。若你不去質疑，可能會因此誤入歧途。例如有人可能會告訴你APP的按鈕應該大一點。他們要告訴你的是，他們不大清楚自己該做些什麼來改變現狀。這可能是因為版面設計太亂，或按鈕上的字不夠清楚，或是他們裝置的螢幕大小導致現行設計沒那麼理想。你需要運用一些智慧來找出一項觀察或一則回饋背後的理由。

- 決定該採取什麼行動：現在拿出你可能的修正案，逐一與你所界定的點子魔法做比較。如果採取行動能協助你讓點子更牢靠、執行得更好、精簡，或整體而言能改善它，就採取行動吧。反之則否決它，或重新詮釋它。千萬別因為有人叫你做就去做。你的職責是取得最好的成果，而非撫慰某人脆弱的自尊。這或許需要一些交際手腕，但別忘了，替代路線可能會使點子的效果大打折扣，旅途更痛苦，最後又無法令你心滿

意足。

不要停止捍衛點子。傷害點子比精進點子來得容易。唯有能讓點子更好時才做改變。如果你做了改變，也要跟著調整你的視野，接受你剛加入的新魔法。

## 傳達

人人都在做業務工作，無論自己喜不喜歡。就連最好的點子也必須推銷才能讓人接受，甚至比平庸、打安全牌的構想更需要推銷。

你一定聽過人們喋喋不休地談論什麼電梯推銷術。這只是一種說法，他們的意思是你需要了解如何把你的點子告訴別人。幾星期前我因為這本書嘗到這種經驗。在和我的朋友、《圖像優勢》（*Iconic Advantage*）的合著者余松佳（Soon Yu）聊天時，他問我要怎麼對別人形容這本書。我說的話，能馬上讓別人知道書在講什麼嗎？

那時我還沒準備好回答他的問題，因此說得結結巴巴。掛掉電話後，我便立刻動手寫僅只一個句子的描述。我想出「一部實用指南，引導人們和組織產生更好的點子」。我還想加進一堆東西，但先從簡短、簡單的開始。人們不需要全部

的資訊，他們只需要知道適用於自己身上的事。況且他們的生命已經有一堆雜七雜八的東西，所以你需要言簡意賅。這兒有些傳達的訣竅，是我在廣告業服務二十年的心得。

## 知道誰是你的受眾

這是再明顯不過的事，也是最常被忽略的事。多數簡報、談話和銷售會議的焦點，都是某人傳達他們擁有的資訊。提報者會向任何人提供一模一樣的資訊，不論對象是誰。太多提報者以為，既然產品不會變，他們的訊息也不需要改變。

但產品確實會變，那取決於你說話的對象。一瓶威士忌對於十六歲男孩、品酒專家、禁酒人士和康復中酒精中毒病人的意義都不一樣。一輛荒原路華（Range Rover）對農人、投資銀行家和環保運動人士的意義也不一樣。

如果你了解你的受眾，了解他們的需求、渴望、動機和倒胃口的事，那會成為你在暢談點子時可以應用的稜鏡。

## 優勢重於特色

若下了很多工夫、花了很多心力發展一個點子，你會知道自己添加每項特色的原因、知道納入那些特色的決定有多明智。而因為你對那感興趣，便可能很想與人們分享。但這

樣是不對的。如果你著眼於一項產品的特色，就是在說產品對你遠比正在聽你講話的聽眾來得重要。

在此，你要運用自己對說話對象的了解，不必告知產品全部的好處，該說的是產品能為其帶來哪些卓越效益。效益因受眾而異。使用者想要知道那如何能使其人生更輕鬆，決策者可能想要知道那如何能讓他們看起來更體面（雖然他們可能不會承認那是第一要務），投資人只想知道他們可以得到多少報酬及多快能得到。

人們最愛的對象是自己。因此，為他們量身訂作你的訊息，讓他們成為你故事裡的主人翁吧。

## 按部就班

當你對某件事倍感興奮時，話可能說得滔滔不絕，但那對聽者而言可能是一場噩夢。聽眾不知該怎麼抓重點，可能聽得暈頭轉向。你需要按部就班、照次序來。

「三幕結構」是一種經典的說故事技巧，你可從戲劇和電影的世界剽竊。第一幕設定場景、介紹角色。第二幕製造緊張、演變成對抗。第三幕解決故事裡的問題。文案寫手一般也會使用類似的順序：「我們了解你」、「你鑑定出這個問題」、「解決方案在此」。在此例中，解決方案就是產品。

這樣循序漸進，較可能攫住人們的注意力，幫助他們了

解你的點子到底棒在哪裡。

## 以改變聽眾為目標

別忘了任何傳達工作的目的,都是把聽眾從一種狀態轉變成另一種。起始狀態可能是他們因為在市場被競爭對手超越而深感挫折;結束狀態可能是他們認為你的點子是補救之道。

傳達工作是要讓聽眾從狀態A轉變成狀態B,愈快愈有效愈好。五十張幻燈片的PowerPoint或許不是最好的方式,想必那無法吸引其注意,並且脫穎而出。倘若你的目標是改變人們,而非只是給他們資訊,便要採取截然不同的傳達方式。

## 告訴人們該做什麼

不要羞於開口要求推銷的機會。如果有人夠親切、願意聽你說話,你必須告訴他們,你希望他們利用你的資訊做什麼。可以是「我在徵求六百三十萬英鎊買20%的股份」、「我希望你們公開支持召集一支團隊來研發這項產品」或「我希望你們給我誠實的回饋,幫助我把它做得更好」。要是人們不知道自己該做什麼,他們很可能什麼都不做。而那是在浪費大家的時間。

## 說服

如果希望人們跟你合作，付出心力實現你的點子，你需要給他們理由。因此傳達的技巧多少能助你帶他們上路，但行動一樣重要。

- 分享有價值的事物：未必是貨幣的價值（雖然有可能是）。若你能善用他人的動機，通常更強而有力。贏得表彰、獲取功勞、學習新事物的機會、表現聰明的機會、展現魅力的可能性、分享財務利益等，都可能驅使人們行動。若你發現真正能激發他們的事物——也能確實履行——他們就會為你的專案投入更多心血。

- 給他們自主權：倘若你不是直接告訴人們該做什麼，而是允許他們採用自己的做法，你會得到他們更多的付出。掌控一切的感覺，和證明自己的機會，都是驚人的動因。這會讓人們積極投入、靈活變通、聚焦於成功。

- 分享願景：人們會支持有崇高使命感的活動。如果你的願景是提升顧客的生活、讓人們思考重要的議題，或其他能讓世界變得更好的事，人們會支持你的。他

們也會在整段旅程與你的目標保持一致。

● 樂意合作：暴君是留不住人的。如果你著迷發號施令
的權力，你的專案會受到傷害。有創意的專案需要更
溫柔寬厚的接觸。事情會遇到壓力，有時難免感到迷
惘。你不時需要團隊支持，但如果跟你合作是場噩
夢，他們說什麼也不會支持你的。

如果你從頭到尾一手包辦，說服的技能依然重要。如果
你是畫家、樂手或喜劇演員，仍需要說服人們給你揚名的機
會。你需要說服人們勇於離開舒服的沙發，感受你的作品。
你或許也希望他們看出作品中的價值。

這些都需要說服。倘若無法說服其他人上路，再好的點
子也不會成功。

## 韌性

最珍貴的是克服一切困難、貫徹到底的能力。能通過掛
圖、草稿簿或便利貼的點子已經夠少了。而多數過了那關的
點子，一見到抗拒的跡象就凋零了。少數一開始獲得支持
的，多半還未衝到終點線就摔得鼻青臉腫、斷手斷腳，甚至
一命嗚呼。我們需要韌性來通過唱反調的人、致殘的審查會

議和沿途各種出乎意料的阻礙。韌性正是讓成功創造者有別於臥室半瓶醋的特質。

---

### *最珍貴的是克服一切困難、貫徹到底的能力*

---

韌性常被視為不自量力、冥頑不靈，但對於發揮創意的人說，那意謂要把點子而非自己放在首位。點子不具有自我防衛的能力，而且樹敵如林，那意謂要對點子有信心、要盡其所能保護它。你的追求是高尚的，一點也不傲慢。

有些人的韌性可能發展得比較好，但這是種可以培養的技能。如果你想要與世界分享你的點子，這可能是最珍貴的技能。

### 把事完成

我向來擅長開啟專案，但長年來我真的非常不善於完成專案。我罹患新奇事物症候群（Shiny New Object Syndrome）：放棄舊專案，開啟新專案，因為給點子開頭比實行令人興奮得多。我發明了一款帳篷釘，申請了全球專利，但始終沒做出成品。我寫了數十首歌、錄了試聽帶，但從來沒製作過專輯。我提出過商業構想、設計過商標、寫過行銷資料，但從未在市場投放過。

大約十五年前，明白自己不能再這樣下去，我必須開始把事完成。我從小處著手，先設定可在一個晚上完成的小專案，然後進步到可能得花一個週末的事。然後是可花一星期完成的構想。最後，我提升到需要好幾星期的專案。

這項練習之所以重要，有兩個原因。首先，那讓你習慣打小場面的戰鬥，面對可管理的障礙。你做得愈多，就會培養出更強韌的恢復力和耐力。當著手對付更大的挑戰，你會發現它們常可分解成較小、較易於管理的問題；會發現你需要的一切資訊，在網路上都找得到；會發現識途老馬通常不吝於給你建議與協助。你從容易激動、容易耗盡體力的短跑者，搖身變成了解必須跨越重重阻礙的長跑選手。

第二個理由是，你感受了完成的樂趣。這像上癮一樣「high」。一旦體驗過把專案貫徹到底的滿足感，就會想再做一次。一而再、再而三。最後得到的報酬感會讓一切努力都值得。事實上，你投入心血愈多，就會愈「high」。這會驅使你度過專案的重重難關，會給你更多機會以良好的狀態抵達終點。

## 開展副專案

你的工作可能沒給你多少想出點子並加以實現的機會。別讓那阻止你。這就是很多人開展副專案的原因。

　　現今的技術讓你幾乎無所不能。你找得到每一項活動的教程——從馬來西亞料理到身體改造。免費軟體開拓了一個充滿不可思議機會的世界。二十五年前，工作的錄音室有座寬達兩張沙發的調音台，混音器不停閃爍，像極了一九七〇年代科幻電影裡的電腦。當時錄音需要的專業技術，讓這種工作牢牢掌控在專業人士手中。而今情況全變了。這些年來，我在 Garageband 軟體擁有的彈性，遠比當年在錄音室來得大。現在講究的是能力，而非設備。

　　要學習技能，沒有比親自練習更好的方式了。而其中最棒的做法莫過於開展自己的專案。

## 加速進行

　　你花愈多時間做一件事，就會碰到愈多障礙。倘若你不想處理那麼多障礙，就盡可能縮短完成時間吧。這不是要你走捷徑、推出不符標準的東西。而是要你以「最簡單可行產品」（minimum viable product）為目標——功能較簡單的版本；如果想要的話，日後還可進一步發展。這就是「RIGHT」思考方式，著眼於製作原型而非只是做 PowerPoint 簡報的原因。

　　一旦做出實物，眾人就比較容易了解。你也許還能從中獲取有助於贏得支持的成果，那也能給你把事完成的陶醉

感，帶你度過點子的下一個發展階段。

　　韌性是稀缺而珍貴的超能力。培養它，世界就是你的了。

—— 實地演練 ——

# 確認你的技能組合

回頭再看一眼這一章開頭的創意技能金字塔，找出你已經具備和你需要培養的技能。從底層開始，因為你已經有想像力了。當然你還可以做很多事情來精進它，比如餵給心智更多有趣的玩意兒。

現在循序漸進，誠實看待你在每一階段的技能有多好。

判斷你最需要努力發展的技能，並擬定發展計畫。有些技能，例如傳達和說服，是可以透過上上線上課程、多讀書或面對面的訓練來提升的。但其他技能，例如判斷和調適，則需要更多實際應用。

把你的計畫釘在牆上、在日誌裡寫上重要的日期、製作一張待辦事項表。愈快建立這些技能，就愈快能見到成功。

第三部

# 個人的創意

第8章

# 了解自己

（或者）

## 找出你的創意魔力

　　如我們已經證明，是創意思考讓我們所以為人。是創意思考讓我們離開大草原，進入城市。是創意思考給予我們奮力求生不可或缺的技術和創新。那帶領我們登上月球、用各種語言創作千萬首歌、創立好萊塢、製造我正在敲的筆電，而在未來某個時間點，那可能會毀去所有人的生命。

　　全體人類做出愈多創意思考，我們就發展得愈快，也愈快達成懸浮車、長生不死和星際旅行。是創意思考給我們夢想，也讓我們的夢想成真。

　　我們的思考不只創造了身邊所有驚人的事物，更創造了人類。沒有思考，人類的生存將何其枯燥乏味。

　　本書這個部分的重點，在於給你成為點子製造機需要知道的一切。我們不是要聊如何找出你的繆思女神或誘導你心中的畢卡索、不是要教你怎麼成為腦力激盪中最大的聲音。我們要檢視什麼樣的態度、習慣和心智技能，能助你成為更有效率的創意思考者。

　　這裡沒有捷徑、沒有幫助你「看起來」比較有創意的竅門，只有真正能促使你生出更好創意點子的內容。

　　上路吧！

## 培養你的趨異

　　一直待在群體中，就不可能成為探險家。你必須拋開團體的舒適與安全，進入未知的領域冒險。你必須經歷大眾沒經歷過的事、質疑大眾的所作所為，並分享可能改變眾人行進方向的構想。

　　你要透過培養自己的趨異性來做這些事。

　　讓你的心智與眾不同的一切，能讓你的思考彌足珍貴。以往，這些差異大多被視為負面，但未必如此。趨異是一種超能力，是人人可以培養的超能力。

---

*讓你的心智與眾不同的一切，能讓你的思考彌足珍貴*

---

## 找出你的創意魔力

　　我們並非按照同一種模式運作。只因有人覺得在有機咖啡店一邊聽蒙福之子樂團（Mumford and Sons）、一邊拿自來水筆在 Moleskine 筆記本亂塗亂寫對其有用，不代表那對你也有用。

　　我一直在探究不同的環境與不同的工作方式。此刻，我

正在附近健身房的咖啡廳裡敲敲打打。我剛上完皮拉提斯課，那給予我的頭腦迫切需要的喘息。等會兒還要帶筆記本去按摩浴缸，讓我暫時脫離技術、用鉛筆草草記下我的想法。如你所見，那給予我不同的運作模式來進行不同的任務。聽來或許可笑──你老闆八成不會同意這樣的行為──但對我有用。

我建議你花點時間找出最適合的方式，只要問自己幾個問題就好。

## 在何時？

你是晨型人還是夜型人？或者是一般的晝型人？如果你對特定時間有強烈的偏好，就多多利用那段時間。我在創意界的生涯向我證明，點子不會自我局限在上班時間。最棒的想法多半會在晚上和週末找上你，那是工作的一部分。沒有人會為這些額外的時間多要一些薪水，因為他們的動機是產生卓越的點子。如果你的動機也是這個，可能要指望朝九晚五以外的時間。

## 在哪裡？

我個人在辦公室工作的不怎麼順利。服務的公司通常會提供可自由運用的辦公空間，但我很少接受，因為我知道那

不適合。如果你覺得難以在辦公桌或辦公室的任何角落思考，不妨試著離開，找適合自己的地方。

　　我尋找有適當平衡的地方：既與外隔絕、不受干擾，也有低程度的消遣。機艙是相當理想的辦公室。我戴上耳機，拿出筆電。如果我需要消遣，可以看走道另一邊的六歲孩童挖鼻孔，或是望向窗外，任思緒和底下的雲朵一起飄流。

　　找出適合自己的地方。試試圖書館、博物館、公園長椅、酒吧、咖啡館、按摩浴缸，甚至你舒服的床。如果其中哪個地方能助你更有效率地思考，就去吧。

**什麼事？**

　　你興致缺缺的事，進行起來難上加難。那麼，什麼能給你動力呢？或許你想要讓世界變得更好，或者你想追求肯定和功勞，抑或你想做一些能提高升遷機會的事。

　　一旦找到你的動力，也找找你的反動力。個人不願進行與道德觀背道而馳的案子，那不只是要力保靈魂純淨（恐怕已經太遲），也因為我知道，假如心不在此，就很難公平看待那份工作。如果你知道什麼能驅使你、什麼又會榨乾你，就有更高的機會選中令你興奮的專案。

## 怎麼做？

你知道自己怎樣能把工作做到最好嗎？八成不是未先吸收問題的知識，就直接衝去腦力激盪。有些人比較適合獨立作業，有些人則適合兩人搭檔或小團隊合作。

截止期限呢？你喜歡多點餘裕，還是需要一點壓力？這也因人而異，取決於你是內向或外向、老鳥或生手、井然有序或毫無章法。如果不了解什麼最適合，你別無選擇，就只有按照別人規定的方式去做了。

## 誰？

說到創意，有兩種類型的人：讓點子變小的人和讓點子變大的人。你會希望跟後者合作。有些人會鼓舞你和點子流動，那是因為他們歡迎你提出想法，也樂於分享他們的想法。很可惜，這些人相當稀有。

較常見的情況是批評點子，或直接封殺點子。這些人常以為自己制止無謂的想法是在增添價值，但其實是在阻斷創意流動、阻止有變革潛力的構想被提出來。請盡可能和願意孕育點子的人士合作，避開那些扼殺點子的人。如果分得清楚誰是哪種人，你的想法會帶給你更多、更出色的成就。

　　寫下你對上面幾點的看法做為引導。倘若不確定哪個問題的答案，親自實驗，找出最適合自己的方式。這些要素是打造絕妙點子的基礎。找出你的魔力所在吧！

## 善用你的非自願性趨異

　　如果你具有某種天生的差異，便立刻擁有優勢。讓你與眾不同的天性，能賦予你有價值的觀點、知識和行事方法。但唯有先理解它何以成為優勢、明白可以如何運用，你才可能妥善利用。

　　趨異不只與你有關，也與你所屬的群體有關。一切取決於環境。假若你是身障，而你身邊都是身障人士，那你的殘疾就沒什麼特別的了。但如果你所屬的組織，成員大都四肢健全，那你的趨異就可能具有真正的價值。但若是你對你的差異視而不見，試著配合群體其他每一個人，你的差異就沒什麼價值可言。那會流於表面，而你的價值就跟任何順應常規的人一樣了。

　　當然，身為受過大學教育的白人，我這話說得輕鬆。我知道自己一直過著養尊處優的生活。我絕對不敢妄稱了解職場裡真正少數族群的處境。但這些年來，我確實善用過個人小小的非自願性趨異。

　　當我第一次搬到倫敦工作，發現自己是辦公室裡唯一講

話帶蘇格蘭腔的。這不是什麼了不起的差異，卻足以在我的正職工作幫一點忙。開會時我會暢所欲言，不時提醒大家，蘇格蘭人天生就是這樣有話直說。不必瞻前顧後、拘泥於那些微妙的社交細節，我能更快切入議題核心。這成為一項真正的優勢，也讓我博得創意領導人的名聲。

離開蘇格蘭時，我在業界資歷尚淺。但是搬去倫敦不到兩年，便已經掌管創意部門。假如我只是融入團體，絕不可能有此成就。

---

*如果你對你的差異視而不見，試著配合群體其他每一個人，你的差異就沒什麼價值可言了*

---

## 培養你的自願性趨異

無論你是否具有天生的趨異，仍能培養自願性的趨異。前文介紹過的主要趨異，有唱反調、做夢、改變狀態和玩耍。

### 唱反調

你可以透過養成常問「為什麼？」的習慣，來開始唱反

調。如果你不知道為什麼要做某件事，很可能那不是對的事情。

令人驚訝的是，很少人真的質疑他們開自動導航做的事情。就像香蕉都從頂端的莖開始剝。黑猩猩很久以前就研究過了：反過來抓，從尾端捏開較為容易。不必用指甲戳，香蕉皮好剝多了。

人們傾向做某件事，是因為他們一直那樣做，或是因為其他人那樣做。反覆問「為什麼？」，能開拓一個世界的新機會。但你不可以在此止步。

如果你僅是質疑世間一切，就會變成蓄意刁難。你會變成麻煩人物。你也需要提出替代方案。

適切地問為什麼，你會獲得寶貴的資訊、會找到這些問題的答案：

- 你要試著完成什麼
- 現有方案是怎麼形成的
- 你的工作受到怎樣的限制
- 事情最後由誰負責
- 判定解決方案成敗的標準

這給了你提出替代方案所需的資訊，也就是你要如何產

生讓事情更快、更好、更有趣、更有效率或更便宜的點子。
若是能提出有價值的點子，那也會提升你的價值。

不要只會不同意。提出更好的替代方案吧。

## 做夢

做白日夢背負著莫須有的罪名，那被視為有生產力的相
反詞。但如果你是在追求好點子，那可是最有可能幫你追到
的東西。

當你任由心智漂流時，就是啟動了你的預設模式網路。
就是這樣的狀態讓你得以基於你的知識、過往經驗和對世界
的理解建立心智模擬。那特別適合想像未來的結果、描繪替
代情節。你就是在這樣的狀態中開始於腦海重播情境，想像
可以說的機智妙語，取代那些脫口而出、含糊不清的咕噥。

沒有激發靈感的問題要解決時，你的大腦會把想像力用
在浪漫幻想、自我反省，或騎獨角獸昂首闊步越過彩虹。但
你也可以用它來解決問題。

首先你需要將資訊注入腦袋，了解經手的議題是如何運
作的。一旦了解事實，或許就可以放鬆下來，讓心智漂流
了。想像各種可能性。想像如果你改變若干要素，可能會發
生什麼事。設身處地，推想別人可能怎麼跟你的點子互動。
一邊寫下你的想法。如果是好的想法，就花點時間發展吧。

這種類型的思考可讓你接觸到平常刻意運用心智時就是想不出的點子。但你得找個好地方做這件事，辦公桌或許不是理想的做夢場所。

要進入這種狀態，最好的方式是做些心智負擔不重的工作，例如洗洗碗、沖沖澡、散散步。做這類僕役活動時，你的大腦會自然開始漫無目的的漫遊。而那就是你要的。另外，做這些事會讓你看起來很忙，所以人們不會認為你偷懶怠惰。

### 改變狀態

如果你是獨自處理自己的專案，你要多醉就多醉、多high就多high。我不會因此評斷你。但我會建議你不要仰賴這種方式。一旦養成習慣，事情會更難收拾。你不必靠管制藥物，就能讓你的心智達到具有價值的不同境界。

近年來，很多公司都為員工開設「正念」（mindfulness）課程。那很棒，如果能幫員工減輕壓力的話。但原來某一類的冥想似乎也對創意思考有益。尼德蘭萊登大學（Leiden University）進行的一份研究，先請受測者花二十五分鐘冥想，再做一些創意測驗。受測者包括有經驗的冥想者和一些從未冥想過的人。研究人員發現「開放覺察式冥想」（Open Monitoring meditation），即冥想者接收所有思想和知覺，會

產生較出色的趨異性思考,「注意集中式冥想」（Focused Attention meditation）,即人們試著聚焦在一件事情,則無顯著的功效。最有趣的是,開放式冥想的效果,對新手和老鳥一樣好。倘若你想親自嘗試,只要在YouTube或Spotify搜尋「全身掃描冥想」（body scan meditation）就可以了。

運動是另一種改變心智狀態的絕佳方式。除了其他顯著的長期效益,讓心臟怦怦跳,也會分泌提升思考的荷爾蒙和神經化學物質。首先,它會分泌減輕壓力、增進幸福感的腦內啡。一如壓力會迫使心智封閉成過度集中的管見（tunnel vision）,快樂則會將之開啟,迎向更多機會。

在一項探究快樂效應的測驗,研究人員請醫師依據一份假設的病歷做診斷。測驗前,研究人員給半數醫師一包糖果做謝禮（可以事後吃）,另一半則先給一疊醫學期刊。兩個群組的差異十分驚人。請醫生吃糖、讓他們開心的簡單舉動,使他們只要花其他醫師一半的時間,就能做出正確的診斷。他們也較善於考量不同的可能性,而非堅持最初的想法,射箭再畫靶。

有很多方式都能改變大腦的運作,但這裡最重要的教訓或許是,下一次你要看醫生時,不妨帶一包小熊軟糖去。

## 玩耍

　　玩耍是另一種跳脫心境的方式。怪就怪在那不為多數成年人所接受。玩耍實為一種讓你能在有限時間裡用不同方式思考的架構。可以透過玩耍幫你找出處理問題的新方法，但未必要以此為目的。

　　敲敲打打、拼拼湊湊、無目的的玩耍，是發掘機會的絕佳方式——刻意思考絕對無法給你帶來機會。我認為早期人類有許多發現，例如笛子、敲打火石、繩結和顏料，都是來自拼拼湊湊而非集中注意力的思考。他們不是要試著解決什麼問題，而是意外揭露了物體的潛力。這種方法被利用得太少了。

---

*玩耍實為一種讓你能在有限時間裡用不同方式思考的架構*

---

　　不是只有實物才可以拼拼湊湊。數位產品也可以——事實上，許多數位產品似乎就是造來讓你拼拼湊湊的。你有很多公開資料集可以玩，也可透過 API 取得大量數位功能（這些就像數位插座，讓你可以插入 GoogleMaps 或 Spotify 之類的線上服務）。唯有自己拼拼湊湊，你才能了解這些東西有多強大。拼拼湊湊造就了之後可用於現實世界問題的學問。

　　不過，多數時，玩耍是用來為特定目的提供新觀念、創造新思想。為順利做到這點，你必須讓自己——以及跟你一起玩的人——脫離那些會讓思考受制於常規的因素，例如內部政治、你的環境、你的假設及無樂趣可言的日常。你或許相信，要產生嚴肅的結果，就必須進行嚴肅的思考，但反過來才是對的。玩耍很好玩。你玩得開心，就處於好奇的狀態。而好奇正是產生新點子的途徑。

## 喔喔喔！那是怎麼辦到的？

　　若說生點子這件事，有哪種天生特質能帶給你真正的優勢，那就是好奇了。我認識最具創造力和生產力的人，都有沒完沒了的好奇。他們就是不能自已。他們喜歡發掘新事物、充實其心智。所以他們的眼睛隨時睜得老大、他們的腦袋永遠都在質疑。很多人帶著筆記本到處跑，記下看到的點點滴滴，以便日後使用。

　　好奇會促使人們一直挖、一直挖，挖到他們了解事發原因為止。會讓人們想知道，如果把這個和那個結合起來，會發生什麼事。會讓他們不斷拼拼湊湊、反覆斟酌、質疑和挑戰。若非好奇，目前環繞身邊的事物都不會存在。

　　好奇是孩子的天性。畢竟，有一整個世界待他們發掘。

但隨著年歲漸長，多數人逐漸失去好奇心。到他們長大成人之際，好奇心幾乎蕩然無存。

大可不必如此。你可以隨時重新點燃，只需要找出自己感興趣的事情，挪出一點時間沉浸其中，剩下的就交給你的心智去處理了。

## 永不歇息的創意探險家

有些人非常容易受新事物煽動，很難堅持手邊正在做的事。我就是這樣的人。我曾幹過樂手、脫口秀諧星、插畫家、早餐秀DJ、獸醫助理、農場工人、街頭藝人、專利發明家、作家、演說家、設計師、電視節目主持人、導演和其他很多職業。我常滋生新的興趣，如攝影、做果醬、釀啤酒、動畫、調琴酒、設計家具、學習新語言等。寫完這本書後，我還想學學水彩畫。

長久以來，這種見異思遷、不斷拓展興趣的情況，常被視為問題。不過，過去幾年來，我所有迥異的技能和知識，在一面統一的旗幟下集合了。現在我所做的一切，都聚焦於揭開創意與創新的神祕面紗。我的每一種技能都成了幫我達成目標的管道。以往我寬廣的興趣是缺點，現在卻成了最大優勢。

　　類似的轉變也發生在我一個朋友身上。湯尼・派崔克（Tony Patrick）是令人咋舌的通才。從我們相識以來，他當過編劇、樂手、旅人、教師、酒保、一支eSports團隊的創辦人，而現在他是圖像小說作家。在我打這句話時，他剛完成最新DC漫畫（DC Comics）系列的第三集：《蝙蝠俠與訊號俠》（*Batman and the Signal*）。你也可在HBO看到他的短片《黑卡》（*Black Card*）。

　　多年來，我們的朋友都想知道他什麼時候才會長大、定下來。始終沒有。「通才會遇到一大堆批評和論斷。比如你輕浮善變、反覆無常。你這禮拜是樂手，下禮拜又當廚師。你一點方向也沒有。我想很多人都搞錯了。」

　　很多人不了解，通才的動機通常不是找尋目標，而是享受旅程。

　　「帶來成就感的是過程，不是結果。但如果你願意的話，那是截然不同的線路。對想投身其中或允許自己成為通才的人來說，那是不可思議的革命性行動。」

　　這不是客套話。像湯尼這樣的人會轉過身，不理社會的假設：你必須找一件事、堅持到底。他們投身於發現事物。不過，跟我一樣，湯尼分歧的興趣也匯聚成一個統一的使命了。

　　「現在我自命為世界建造師。」一如多數人，你會納悶

那到底是什麼鬼。湯尼解釋，「那汲取現實世界的資料和科學，並用那些來創造可能對現實世界產生衝擊的虛構世界，或投射的未來。」

那是何其珍貴的目標。我們今天所用的技術，很多來自科幻小說。我們和技術的互動方式愈來愈像《關鍵報告》（Minority Report）。《星際爭霸戰》協助引領我們發展無所不知、可塞進口袋的聲控裝置，以及完全沉浸式的 VR 體驗。娛樂產業發明了我們的今天。如果我們希望人類邁向光明璀璨的明天，真的需要現在就開始發明明天。

湯尼具體闡明了何謂人性的創意探險家。他仍不為朋友家人所了解──但他不以為意，繼續努力創造他們的未來。

## 寂寞的狼與流浪的羊

世人對創意思想家的普遍印象相當不精確。我們常把他們想成孤獨的天才，勇於對抗誤解他們的世界。不過，這些人固然因推動創新而值得稱許，但或許不能獨攬全部的功勞。

創造突破的人，通常會和支持他們的人、與他們合作的人，以及運用本身專業來協助點子成真的人為伍。只要看看伊隆·馬斯克（Elon Musk）近幾年的成就就好。他在創辦

SpaceX之前，完全不具備太空旅行的專業；開始研究超迴路列車（Hyperloop）之前，在磁浮技術方面也沒有多少實用的知識；在創辦特斯拉汽車（Tesla Motors）前，更根本沒受過汽車設計的訓練。他都是憑藉願景成立上述所有公司，然後讓身邊圍繞著專業。他是集合實作家的原創思想家，而他們一起讓驚人的事發生。

這不是什麼新鮮事。十九世紀末，羅特列克（Toulouse-Lautrec）籌辦沙龍，讓畫家、舞蹈家、音樂家、演員、作家和思想家齊聚一堂，辯論、交流構想。其中一名常客是梵谷（Vincent Van Gogh）。這些聚會讓他認識了最新的美術風格和權威人士。若沒有這個志趣相投的人際網絡，他不大可能達到後來臻至的藝術高峰。可惜他英年早逝，未能親眼目睹自己功成名就。

一人獨占所有功勞是常有的事，這對歷史書籍的作家比較方便。但多數成功的思想家是仰賴巨人的肩膀、同儕的支持和無名同事的努力，才能有此成就。

如果你想幹一番大事，別一個人默默嘗試。

—— 實地演練 ——

# 尋找適當的合作者

拜網際網路所賜，你想學什麼都沒問題。搜尋一下，就能帶來一長串線上指南和教學影片，其中許多是免費的。但那不代表你什麼都該學。專案愈複雜，就需要愈多技能才能實現。如果你投入時間填補這些缺口，也是剝奪了做好其他事情的時間。我花了很久的時間才了解，和工作成效驚人的優秀人才合作，往往勝過投入時間學習怎麼靠自己把事情做到夠好。

在專案起步階段，考慮籌組適當的團隊是件好事。下列問題能幫助你計畫：

## 你需要什麼樣的技能？

從頭到尾徹底檢視你的專案，列出所有認為不可或缺的技能。或許包含專案管理、研究調查、策略性思考、構想生成、原型製作、尋找供應商和銷售等等。盡可能包羅萬象、詳盡無遺。

### 你擁有什麼技能？

忠於事實，勾選出你有經驗且樂意去做的事情。這些將是你的責任。

### 你可以學習哪些技能？

有哪些技能是你可以為這個案子學習的？務實看待時間和技能需要的知識量。也要確定那些是你想學的事情。如果你覺得沒興趣或欠缺動力——或者需要深厚的專業知識技術——別自告奮勇。

### 你還需要填補哪些技能？

你表上剩下的就是你需要尋求外援的技能。現在你的工作是尋找適合的人才。仔細選擇。你想要技能精湛的人，但也需要確定他們是可以合作且支持專案的對象。否則他們可能耗損你的精力、製造更多事端、陷整個案子於險境。

第 9 章

# 塑造心智

（或者）

## 讓腦袋塞滿好東西

　　我一個人住的時候，通常都是經歷這麼一段才決定上超市：我會打開冰箱、看看架子、翻找抽屜、檢查門後那一排瓶瓶罐罐。那時，才悲傷地領略到，我沒有適當的材料來做像樣的一餐了，所以我會改做某種簡單而熟悉的東西。通常是滾煮一些義大利麵條、淋一罐快到期或已過期的青醬。你應該心有戚戚焉。

　　在這種情況，唯一能讓事情好轉的便是去一趟特易購（Tesco）。

　　很明顯，對不對？

　　不過，身為幫助人們和公司想出更好點子的人，我常被要求指導產生點子的技巧。我當然可以教，但那解決不了真正的問題。那就像教人們怎麼磨刀、切洋蔥或給比目魚去刺切片一樣。擁有這些技能固然很好，但倘若你的餐櫃存貨不好，塞滿非常普通的食材，那些技能是幫不上什麼忙。

　　到現在為止，我們主要著眼於如何鼓勵你的心智改變運作方式、提出截然不同的構想。我們聚焦於取用你腦袋瓜裡的知識，用它做更多事。但要是你想真正增強創意思考的動力，就必須養成在腦袋的架上儲存知識的習慣。

　　簡單地說，你的思考和知識愈寬廣，生出點子的機會就愈大。這一章的重點就是助你養成各種習慣，來提高想出絕妙點子的機會。

## 輸入、處理、產出

　　好，先讓我們澄清這點：大腦跟電腦不一樣。它處理不確定、懷疑和可能性的方式和電腦截然不同。它不會像硬碟存檔那樣正確地儲存資訊。它也會用不可預測的方式處理資訊，取決於天氣、感覺起來有多性感及無數其他千奇百怪的因素。就是這種有機的氣質性（temperamentality），讓我們的大腦這麼優秀。

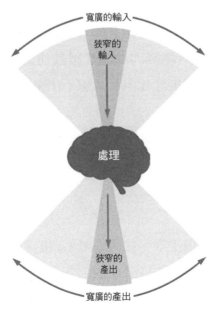

狹窄的輸入會限制你產生點子的潛力

但就像電腦，我們的大腦依循古典式的輸入、處理、產出流程。如果你的輸入有限，你的產出就會受限。

在組織裡，每個人接收資訊的範圍通常差不多狹窄。要突破這種知識的限制，需要花費心力。但這很重要，因為如果你的輸入跟別人一模一樣，也可能生出與他們一模一樣的構想。

---

*如果你的輸入有限，你的產出就會受限*

---

祕訣在於養成習慣，讓你的心智充滿不尋常、多樣化的輸入。你要隨時隨地努力收集群體其他人不大可能有的知識。如此一來，就能想出其他人想不出來的點子。而那會讓你彌足珍貴。

還有一個地方，我們的大腦與電腦相當一致。

## 垃圾進，垃圾出

資訊並非一律平等。如果你讓平庸的資料進來，你就不能指望會有不平庸的結果出去。電腦程式設計師稱此為GIGO——垃圾進、垃圾出（garbage in, garbage out）。

如果你需要想出點子來與時俱進，維持自己的重要性，

了解IBM對人工智慧的態度，或許比知道芭黎絲·希爾頓（Paris Hilton）最愛哪個品牌的內搭褲來得有用。了解外國文化可能比會背奧斯蒙兄妹（The Osmonds）每一首歌的歌詞，更能催生出較實用的構想。

不妨把輸入想成營養。有些輸入比其他輸入更能滋養你的心智。輸入過少會讓點子匱乏。一點甜甜的奶泡無妨，只是不該拿來當全部的飲食。

如果你想成為一部強有力的點子製造機，必須建立餵養心智的習慣。而在這裡，好奇幫得上忙。

## 點點點

如果點子就是把各個點連起來，你腦袋裡的點愈多，就顯得愈有價值。因此，在你著眼於把點連起來之前，或許該努力收集點。讓我們拓展這個類比，了解你可以採用哪些不同的方式，拿啟發靈感的資訊餵養心智。

### 消極的點收集

如果你已不踩油門，一輩子隨波逐流，或許不會收集到非常多或非常有趣的點。如果你跟其他人看一樣的電視節目、走一樣的街道、做類似的工作，不論你把你有限的資訊

處理得多好，都無法指望自己生出跟別人南轅北轍的構想。一櫃子滿滿的炸薯片，怎麼也做不出千層麵。

## 特定任務的點收集

一如我在「RIGHT思考」途徑所解釋的，你必須從探究開始。多數人試著用簡易的方法做這件事，以為可從搜尋引擎得到需要的一切。網路搜尋或許可以得到一些相關資訊，但如果這是你充實自己的首要方式，會衍生出幾個問題。

第一個問題是，你只會得到平凡的輸入。搜尋引擎的目的是，為特定搜尋詞語選擇最相關的資訊。它使用的演算法是為了確定人人找到差不多的結果，不論他們是誰，剛好身在何處。為協助人們找到這個相關資訊，Google 甚至在你打字時建議你可能要找的東西。如果它認為你可能打錯字，還常常糾正你。那確實很有幫助，但結果就是產生一模一樣的輸入詞彙，進一步限制你超越平凡的機會。

既然多數人都獲得差不多的結果，現在我們得看看人們怎麼跟結果互動。統計數據顯示，Google 搜尋結果的第一頁占了所有點選的89%。而在那一頁，第一條更占了44.6%的點選，最下面的一條則只有微不足道的2.2%。如果這是你決定採用的東西，八成無法脫離常規。從平凡的資訊出發，會限制你可能得到的成果。

　　第二個問題是「Google 效應」（Google Effect）：你通常不會記得被儲存在裝置裡的資訊。也就是你匆匆透過網路搜尋收集到的輸入，未來很可能派不上用場。你搜尋，你讀過，而後你隨它去。

　　這種方式能餵給心智的東西微乎其微。那無法賦予你催生有趣點子所需的知識寬度。如果你想要更有效地思考，需要做得更多。

### 明顯的點收集

　　商界人士常幹的一件事是聽取業界思想領導人的想法，以便在職場反芻。這樣的行為會導致可預期的迴聲室效應（echo chamber），想顯得聰明的人會滔滔不絕地複誦那些老生常談。這件事本身雖煩人，但不致造成危害，只是這些正統智慧的金玉良言被說得愈多，價值就愈低。

　　當一種意見、一條途徑或一門知識為許多人採用，它就變成常規。而那會大大減損它的價值。

　　當班克斯（Banksy，英國匿名塗鴉藝術家及社會運動人士）揚名立萬之際，我正在從事街頭藝術。很快地，他的模板拓印法就為許多牆壁塗鴉夥伴爭相仿效。其中很多人八成不明白，自己為什麼沒獲得班克斯般的關注。那顯然是因為他們只是另一個拿噴霧罐的模仿者。這種人比比皆是，毫無

市場價值。那時我則是在街上貼詩，而那不夠酷，沒有人仿效。

　　在行銷的世界，我看到人們被獲獎的作品「過度影響」。在耐吉FuelBand運動手環上市後兩年，我參加過數場討論，人們想做金融、零售、汽車或其他行業的穿戴式裝置。收集明顯的點比較可能形成剽竊，而非激發靈感，但你並不想剽竊對吧？沒有人記得登上月球的第五個人是誰，也沒有人記得第一支翻唱滾石（Rolling Stones）的樂團。要脫穎而出，與眾不同是唯一的途徑。

---

*要脫穎而出，與眾不同是唯一的途徑*

---

## 通才的點收集

　　若你真的好奇心旺盛，就會不禁覺得大部分的事物都很有趣。最近我被羅馬排水系統工程深深吸引，也發現自己色瞇瞇地盯著新生小馬的馬蹄（圖片搜尋一下，那真的怪到不行！）。當時的我完全不需要這些資訊，只是對新知貪得無饜。

　　不過，重點不只是讓腦袋塞滿事實。真正的好奇寶寶喜歡親自嘗試，學習新的技能，因為你可以透過實作來學習。我常常只為了從中學習而著手進行專案。那些不會幫我賺

錢，也不會引人注意，就純粹為了發掘、為了教自己新的東西。而我很幸運交到一些志同道合的朋友。

幾年前，我和友人雷爾加‧德瑞塔（Relja Dereta）一起進行一項為期一個月的實驗。我們想要看看我們的大腦可以多快學會新的東西，覺得學習用非慣用手作畫是相當好的衡量方式。所以我們向對方下戰帖，每天用非慣用手畫一張自畫像，連畫一個月。我們都還算擅長用慣用手作畫，所以想看看比較弱的那隻手，可以在短短四星期內進步多少。成果真的令我驚訝。

如果你在實驗前問，我會不會用左手畫畫，我會毫不猶豫地說「不會」。不到一星期，一切都變了。

但一開始並不順利。我的第一次嘗試糟透了，畫得亂七八糟，看起來跟我一點也不像。第二天我慢慢畫，畫出一個斜視，但有樣子出來了。第三天就畫得有七、八分像。我的線條一開始因缺乏運動控制而歪歪扭扭，但也愈畫愈進步了。

不過一個星期，我的非慣用手已經畫得差不多好了，所以我開始試畫姿勢。到第二個星期結束時，我想更進一步，所以開始試驗技巧。我發展出一種新的明暗風格。然後我擱下那個，再試其他技巧。到第三十一天，我兩隻手作畫的品質已經沒有多少差別了——只是用左手要花兩倍時間。雷爾加的經歷跟我如出一轍。

我用非慣用手畫的自畫像一開始滿糗的，但在一個月內漸入佳境。

雷爾加用非慣用手畫的自畫像，一開始就畫得不錯，之後愈畫愈好。

這次經驗教我們，「我做不到」這句話中，應該要加一個「還」字，「我還做不到」才對。這是一次寶貴的教訓。

不過，多數人不會像這樣展開一場發現之旅。他們會問這個問題，「我為什麼該做這個？」提不出令自己滿意的答覆，就不自找麻煩了。好奇的通才則會問這個問題，「為什麼不該做這個？」提不出滿意的答覆，就放手去做了。

重點是展開旅程，去看看路通往哪裡，而非預期終點藏了黃金。豐富的是旅途本身。你往往要到完成後，才會明白為什麼要走這一遭。

完成的部分也很重要。你需要回顧你做的事，看看從中學到了什麼。也許你獲得了可與世界分享的出色成果；也許你學會了不要做什麼；也許你習得了新的技能；或者你只是得到一個有娛樂效果的故事，可以在酒吧自吹自擂。

多年來我一直在做實驗，其中大部分相當荒謬，但我認為自己不會停止，因為我還有好多東西想要學習。

## 專家的點收集

如果你對某個主題有澎湃的熱情，會希望了解與它有關的一切。如果在報紙上看到相關報導，你的目光會自然被它吸引。你的熱情會讓你的腦袋在那個領域特別善於吸收。

你很可能發現自己身邊圍繞著許多同好——可能因為你

是從他們那裡感染到這股熱忱，也可能因為你的興趣促使加入志趣相投的社群。

　　獲得知識的同時，也可能學到一些技能。如果你對攝影感興趣，會研究構圖、明暗和調焦，哪怕只是用智慧型手機玩。如果你嗜書如命，對文字、語法、結構和故事的興致，會影響你寫email的方式。專業知識彌足珍貴，尤其是你以此為業的話。

　　專家喜歡實作。他們會津津有味地享受技能與知識付諸實行的機會。這讓他們在實現點子方面彌足珍貴，因為高品質的執行能大大提升任何點子的價值。

## 大腦的四種模式

　　忙碌和有效很容易搞混。我在廣告代理商工作時，常親眼目睹這樣的混淆。同事會觀看躲在鞋盒裡的小貓、溜滑板的意外，和其他莫名吸引數百萬人點閱的影片，盼能汲取這些影片蘊含的魔法。他們深信，點選這些空洞的花邊，就能以某種方式激發靈感；深信如果看了夠多這些令人目不轉睛的東西，他們的信用卡廣告就能神奇地像病毒般迅速蔓延開來。

大腦的四種模式。拿事情占據心智，使之忙碌不堪，
是其中最沒有價值的一種。

個人認為，可能性極低。他們的心智處於不對的位置，
因而無法從正在觀看的東西汲取價值。我認為心智有四種模
式，而它們或許處在其中最沒價值的一種。

## 占據心智

讓我們先避開最沒有價值的模式。這只是找事情做，讓
你不必望著牆壁發呆而已。那或許會讓你的心智忙碌不堪，
但無法注入多少價值。

有兩種方式可以占據心智。第一種是攝取低品質、沒什麼心靈養分可言的內容。這種飲食不會提升你身而為人的知識技能、不會教你任何有價值的課程，也不會讓世界變得更好。想像有一個內容的品質量表，從金卡戴珊（Kardashian，藉實境秀節目揚名的名媛家族）到霍金（Hawking，指史蒂芬・霍金〔Stephen Hawking〕，英國物理學家及宇宙學家），這種東西位在量表相當低的等級，包括糖果傳奇（Candy Crush）、大部分的臉書內容、俄羅斯撞車影片、名人八卦、電視實境節目和其他反智的消遣。它們會吸引你愈陷愈深，但不會提供什麼來報答你的關注。

第二種方式是不專心看你在看的東西。你有可能花了好幾小時看 TED 影片，而一切就如浮光掠影、不上心間。如果心智沒有投入，你就無法讓它成長茁壯。這也適用於反覆進行不需太多認知干預的差事。倘若你的工作例行到時間悄然流逝，卻根本不記得自己做了什麼，那你就是讓心智被事情占據而已。

從這裡開始只會更好，不會再壞了。

**餵養心智**

這是優於占據心智的替代方式，指的是收集或可成為新點子原料的點。你需要不斷為你的大腦補充營養，否則最終

你的心智餐櫃會堆滿腐壞、過期的東西。

顯然，拿高品質的內容填滿心智比較好。那項資訊可以跟你做的事相關，也可以完全無關。不過，不是光盯著看就能吸收資訊，你必須啟動你的腦袋來汲取價值。你要尋找能在日後派上用場的課題。這點做得好，就連低品質的輸入也能汲取價值。只要方法正確，從怪獸卡車（monster truck）、實境節目和廁所牆上的塗鴉都可以學到東西。

你該養成餵養心智的習慣。你要不斷給自己新的體驗、學習從不了解的事物、跟你平常不會交談的對象說說話——遊民、退休人士、火車上坐你旁邊的青少年——來做這件事。買一本以前沒讀過的雜誌——比如《飯店與餐飲》（*Hotel and Caterer*）、《槍砲彈藥》（*Guns & Ammo*）或《女孩與屍體》（*Girls and Corpses*，你沒看錯，這本刊物真的出版過）。去你平常不會去的地方——巴伐利亞城堡、國際間諜博物館、蘇活區一家骯髒書店的地下室。

不斷拓展你的心智。因為倘若沒有持續不懈的努力，那只會往反方向走。

---

*不斷拓展你的心智。因為倘若沒有持續不懈的努力，*

*那只會往反方向走*

---

## 應用你的心智

這是關於活化你的頭腦，運用你擴增的新資訊、新技能和新理解。你可以應用在實際的專案上，或做為演練思考技能的方式。

務必養成習慣，時時運用腦袋裡的資訊，就算現在沒有東西可應用。把它當成心智鍛鍊。如果你常在健身房練舉重，當你必須把冰箱扛上搬家貨車時，會覺得比較輕鬆。思考也是一樣。你鍛鍊得愈勤勞，心智就愈有能耐。而後當你真的得為特定專案想點子時，就能扛起較沉重的想法，也有精力在他人放棄時繼續思考。

閒暇時間想各式各樣點子是個很棒的習慣。你要怎麼削減在醫院的候診時間呢？要怎麼在一項產品結合房貸、年金和保單呢？要自己接受這樣小小的挑戰。你可以從連結一些收集到的點著手，就能認真地鍛鍊你的思考肌肉。

你每使用一次收集到的資訊，就會把資訊更深刻地寫入大腦，使日後取用更加容易。拿資訊玩一玩，也能讓你理解它提供的機會。你做愈多思考，就愈有能力思考。

付諸實行，我保證你會得到回報。

## 讓心智休息

你可能以為這是最沒有用處的心智狀態，但其實非常有用。它能拉開距離，讓你的腦袋處於適合的狀態來迸出洞見，並提升思考績效。那顯然比占據心智更有價值。

我超愛睡覺的。當我還在辦公室工作時，我常找地方打盹兒。我發覺如果累了或宿醉，小睡片刻能助我重新啟動。不久前，我發現原來這有科學背書，不同時間的假寐有不同的效益。

你的睡眠會依循一種模式，經過深沉睡眠後，會回到較淺的REM（快速動眼）狀態。有兩種長度的假寐可能對你最有幫助。小睡十五到二十分鐘，對提升你的敏捷性和運動技能成效卓著。如果覺得提不起勁，這是你需要的休息。這能幫助你重新點燃火花，提升專注力。另一個選擇維持較久——大約九十分鐘。這時你很可能在快速動眼的階段。這有益於建立新的連結，和幫助你解決問題。

但你不必睡著就能讓腦袋休息。冥想對你的思考也很棒。另外，如前文指出，靜靜坐著讓腦袋放空，也是一種無價的活動。

有些大公司欣然接受打盹兒的力量。Google、Zappos和Uber或許不令你意外，那資誠（PwC）、思科（Cisco）和寶

鹼（Procter & Gamble）呢？這些公司都明白白天小睡片刻的價值。他們了解擁有短時間的機敏比一整天懶洋洋來得好。如果你的組織不允許假寐充電，或許你該仗義執言。

## 所有狀態都要使用

當然，沒有人只在一種狀態過活。我不會時時餵養我的心智。我常看Netflix沒營養的東西，把心智填滿。所以，別因為沒有一直在腦袋塞進有價值的點，就把自己痛毆一頓。只要確定自己騰出不少時間餵它養分就行。依我的經驗來看，如果你想要發展有價值的點子，這是最值得做的事。

───── 實地演練 ─────

# 建立靈感清單

要養成餵養心智的習慣。餵它愈多養分，你的心智就愈有價值。我發現很多人不明白怎麼做，但其實非常簡單。下面是我多年來一直鼓勵學生和客戶進行的練習。

## 找一件你覺得真的很棒的事

留意你覺得精采絕倫的事。可能是來自同產業的點子，也可能是在別的地方見到的東西，可以是產品、服務、設計、一段文字、一項策略或一種行為──任何令你賞心悅目的事情都可以。養成環顧四周的習慣。世界充滿令你驚奇的事物。

## 記下一些原則

現在你已經找到很棒的事情可做，想想為什麼覺得它那麼棒。在筆記本的背面或數位文件寫下你的答案。你的原則可能像是「把事情變得非常簡單」、「讓觀眾心領神會」或「賦予舊技術新的用途」。至少寫下三種

可從中學習的原則：這是你個人的戒律。挖深一點，探
究讓那件事物如此美好的本質。盡量讓觀察單純而集
中。

## 不再依賴靈感

　　每當被要求為某件事想新點子，看看你的清單就
好。使用這些原則將思考推往新的方向，點燃平常不會
有的點子。如果你蒐集到不錯的清單，就不需要再依賴
靈感了（你可以上 ThisSiteInspires.me，看看我的學習心
得）。

## 另一個好處

　　蒐集這些原則能助你了解點子好在哪裡，並琢磨你
的判斷技能。而你做得愈多，就愈容易區分好的點子和
絕妙點子之間的差異。那是一種無價的技能。

第四部

# 團隊的創意

第10章

# 點子殺手

（或者）

**公司真的具有創意嗎？**

IBM 曾做過一項研究，旨在發現世界頂尖企業人才的心裡在想什麼，於二〇一〇年公布結果。這項研究不是隨便做做的。研究人員和一千五百名來自六十國公私部門、跨三十三種產業的高階領導人面對面對談，希望了解這些人的優先順序，以及他們覺得自己未來的成敗取決於哪些事物。結果相當出人意表。研究進行時，商業世界正從痛苦的全球衰退復甦。大企業無不對未來憂心忡忡。若是以往，這會導致削減成本、合理化之類的保守行為。因此這個研究結果令人大吃一驚：他們尋求的第一個領導特質是創造力。

報告指出「執行長現在明白，創造力勝過其他領導特質」。

那時我相當興奮。我才剛創立一家公司協助組織提出更好的點子，希望忽然發現自己奇貨可居。但事情沒有那樣發生。那個訊息未能觸及真正舉足輕重的對象。

組織或許會用「創新」和「創意」之類的詞彙，並形容同仁為「內部創業家」，但他們的行為並未改變。多數組織的架構方式，依然抗拒任何新的事物。

## 誤會大了

在那份研究公開發表後，我四處打聽，想了解為什麼這

個特殊的答案會直達高層。我問了幾位在大企業任領導職的人士，他們的想法大致如下：

我們知道世界正快速變遷。

我們知道我們需要做些不一樣的事。

我們不知道是什麼事。

因此……需要創意。

聽起來滿合乎邏輯。但當你緊接著問創意是什麼時，問題來了。人們知道那與想出新點子有關。除此之外，他們幾乎不了解創意是什麼、怎麼使用它、如何激發它、怎麼評判它，或是如何打造出讓創意欣欣向榮的環境。

但公司最老練、最內行的，卻是如何扼殺它。

## 你處於人生的哪個階段？

過去幾年，我聽說很多公司派員飛到舊金山參加矽谷狩獵旅行。聽起來很好玩。他們會拜訪一些科技巨獸，到新創公司的自然棲息地親眼見證幾家令人興奮的公司。他們會喝有機咖啡、看看一些令人印象深刻的「臉部毛髮」、希望自己和他們遇到的二十二歲執行長一樣充滿自信。這場旅行的目的是透過身歷其境激發靈感，並吸收一些關於如何創新的課題。

我覺得這純粹在浪費時間。

在我看來，這些公司就像失禁老人請年輕護理師給他們控制膀胱的建議。那些孩子可能說得出一、兩件事，但他們的經驗不像老人家那麼豐富，不了解老人家的優先順序，大部分甚至不精通他們所建議的技能。

處於人生不同階段的人有不同的需求和理解。公司也一樣。

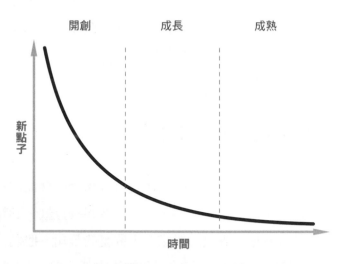

公司存在愈久，愈不歡迎新點子

## 開創階段

所有公司一開始都充滿創意——就連健康和安全訓練供應商也不例外。他們必須搞清楚他們是誰、他們特別在哪裡、打算提供什麼、打算如何提供,以及要上哪找客戶。那全都與應用思考和新的點子有關。他們是從無到有,憑空創造。這是一家公司最令人興奮、最迷人的階段。創造能讓你感覺美好。每一次小小的勝利都能讓你飄飄欲仙。你的焦點在於找出和創造魔法,奠定未來成功的基石。有些公司能存活到下一階段。

---

*所有公司一開始都充滿創意*

---

## 成長階段

如果你找到你的魔法,錢進來,你便能成長。這也令人超興奮的,但原因不同。公司的創辦人覺得興奮,而那蔓延整個公司。員工必須更努力才能應付提高的工作量,但他們是更大版圖的一部分,因此值得。

當公司繼續發展,創造規模愈來愈大的東西,它的組織結構必須進行調整。於是創意的焦點轉移到他處。現在他們

必須發展出一套重複魔法的方法，愈有效率、愈可預期愈好。這包括創造系統、程序、方法和一貫的行為。

這些一旦建置完成，創意，已變得多餘（除非是公司供應的服務）。

## 成熟階段

一旦公司創建了系統和程序來複製其獨門醬料，就只剩一件事要做了。是聚焦於效率和獲利的時候了。你透過以更低的成本、更快的速度做更多事情來賺更多錢。因此公司將心力投注於削減成本、合理化和新的事業。其中一些心力可能投入研發新產品，但太多公司將他們已經得到的視若至寶，勝過他們可能擁有的一切。他們不想冒那個險。

當一個組織聚焦於效率和獲利能力，便會轉身不看任何形式的冒險。事實上，如果公司有股東，它便有俗稱的「受託人責任」（fiduciary duty），必須為股東謀求最大的利益。那個利益便是將投資最大化。任何被視為有風險或未經證實的事情，都與那相牴觸。太過冒險的構想可能被視為違背受託人責任。

在這個階段，公司已設定好要扼殺有趣的點子，這就是我何以覺得什麼都輸不起的成熟公司，試著向沒什麼可損失的新創公司學習一事，著實荒謬。

## 公司不想要創意

在了解企業的生命階段後，我覺得該來讀讀當公司說他們想要創意時的弦外之音。我不認為他們想要創意。我認為，他們想要的是可以為公司增添價值的卓越方案或構想。

組織想要的是創意的最終成果，而非過程。

說你想要創意，就像說你想搭飛機旅行。那挺好的，但如果你盲目搭機，不先搞清楚自己想去哪裡，那可能飛到泰國，也可能飛到冰島。若著眼於你的目的地，就有更大的機會抵達那裡。而當抵達時，你會知道的。

你現在在哪裡　　　　　　　　　　　　你想要去哪裡

創意是交通工具，不是目的地

創意只是交通工具，帶你到達你想去的地方。忽略目的地的人，會說些毫無助益的話，例如「我不知道我想要什麼，但我看到就知道了」，那絲毫起不了作用。你需要知道方向、需要了解過程的每一個步驟。你或許也該為這段旅程準備一些甜點。

## 希望想要有創意

對於創意是什麼及該如何應用的誤解，導致許多組織自稱想要創意構想，但其實他們一點也不想要。他們是希望想要有創意。兩者有天壤之別。

許多公司都想要新穎的想法，但其實更想要不被干涉，繼續做他們熟悉的事。這就是他們不肯多投資於產生點子的原因。他們也不肯創造一個系統，讓構想有最好的機會開花結果、造成衝擊。缺乏支持和承諾，會讓組織裡的一切見光死——如果真的見得到光的話。

不過，脫鞋下了水、做了他們所能做的象徵性、充場面的努力，至少表示他們試過了。嘗試未果，恰好支持他們的論點：最好還是繼續做他們一直在做的事。他們會說服自己那個點子不夠好，而不是去解決真正的問題：他們的組織抗拒新思維。

## 創意與創新如何相輔相成

公司自稱想要有創意一事，可能會在創新方面造成問題。因為多數人並不清楚這兩者間的關係。

我們雖然很容易就能找到一些有細微差異的不同定義，

但我覺得不妨退後一步，在更廣大的點子脈絡中看待創意與創新。

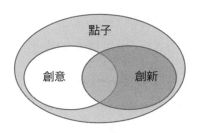

創意與創新，置於更廣大的點子脈絡來看

　　點子是組織變革的催化劑。當你指望解決問題、改善工作方式或開發新途徑時，都需要點子。沒有點子，你只能繼續做你一直在做的事。

　　當你開始產生點子時，點子可分為兩大陣營：

- **既有的點子**：你在別處發現的點子。可能是你的競爭對手正在運用，也可能是你在其他產業見其起作用。這對世界來說不是新的東西──也許對你的產業也不是──但是你的組織前所未見。
- **創意的點子**：你走完創意過程創造出的點子。你從資訊著手、應用了想像力，最後生出從未見過的東西。

在這個較廣大的點子文氏圖（Venn diagram）宇宙中，品質有巨大的差異。有些精采絕倫，有些慘不忍睹；有些有用，有些沒用。但願你喜歡發展好的點子。

當你實行一個對組織新穎的點子，創新便發生了。那可以是新的創意點子，也可以是既有的點子，只要是會在系統裡引發變革的點子都可以。

## 點子是組織變革的催化劑

許多創新是以既有的點子為焦點。這毫無問題。例如大部分的數位轉型——這通常屬於創新的範疇——都需要執行其他公司已在使用的平台。這沒有任何不妥。創造那個平台的公司已投資創意思考，因此你不必再投資了。

也有公司向不同產業借取創新。我在前文解釋過，麥當勞兄弟是如何借用亨利・福特生產線的點子來更快速、更穩定地製造漢堡。但更早前，亨利・福特自己也是向芝加哥的屠宰場借用生產線的點子。他很驚訝，一隻動物進入肉品包裝廠的一端，經過重重關卡、一一剝除肉片後，最後竟然只剩骨骸離開工廠。他僅改變焦點和產品：從拆解變成組裝，從肉類變成汽車。

因此，總而言之，創意是創造新的點子。創新是實行對

組織新穎的點子。

## 階層厭惡點子

　　大公司在這世界存在了多久，階層是主宰商業的結構就有多久。職場多數人保持的假設是：如果努力工作，就會獲得升遷，而升遷就是組織表示你比每一個地位低於你的人來得優秀。反之，那也意謂每一個地位高於你的人都比你重要。於是人們知道自己在尊卑順序中的位置。

　　因此經理的權力凌駕在其部屬之上。在許多組織喜歡一再證明他們擁有權力。由此形成的階層是由一層層的恐懼建構。有雄心壯志的員工不想被上司忽略，因此試著杜絕一切可能招致批評或懲罰的事情。

　　這是權力結構自然的副作用。那只比黑猩猩、倭黑猩猩、大猩猩群體運作的方式稍微複雜一點而已。

## 律師的層級

　　如果你曾找律師審核商業契約，你會怎麼衡量他們做得多好呢？或許是看他們發現了多少問題。如果他們翻了翻，說：「不錯、不錯、不錯，看起來沒什麼問題，去簽約吧！」

你八成不會信任他們。他們的職責是保護你的最佳利益，揪出潛在的問題。這是他們為什麼能賺那麼多錢的原因。

　　因組織的權力結構使然，多數位居管理階層的人，都會像律師那樣思考。每當他們見到新的東西，就會立刻尋找風險。他們相信這是他們的責任。他們認為這是他們會在過程中增添價值的方式。但這種立意良善的超前部署措施，更可能傷害所有通過他們辦公室的點子。

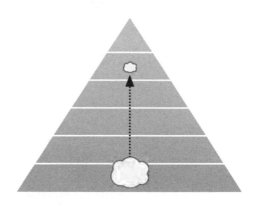

**點子往往會在通過層層決策把關時愈削愈弱**

　　最有效的點子可能來自實際執行該項業務的人。煤層上的礦工可能比坐在橡木裝潢辦公室裡的主管，更了解如何採掘更多煤。如果你的組織夠幸運，能從基層員工那裡得到珍貴的點子，那或許得通過數個管理層級才能抵達最後的決策

者。每一個管理階層都會看它一眼，揣摩上意，然後做出適當的調整，好讓點子看來沒那麼蠢。

　　他們把自己的生存看得比點子的生存重要。他們會尋找問題，而非機會。參與批准的人愈多，點子就愈容易偏離問題、失去效用。點子偶爾會熬過重重關卡，來到最終決策者面前，但那時早已鼻青臉腫、體無完膚。

　　如果一家公司想要具有價值而毫髮無傷的點子，就必須有正確的策略、程序、文化、契約、環境和管理風格。而每家公司適合的條件不同。不過，下列組織有很多地方值得效法，而它們的共通點就是加快通往決策者的流程。那避免了階級的破壞性效應。有幾種方式可做到這點。

## 勞動力的智慧

　　一九五一年，豐田汽車社長豐田英二為公司引進豐田生產方式。那是以他拜訪福特一家製造廠時見到工廠實行的構想為基礎，然後加以改良，推行豐田創意構想和提案制度（Toyota Creative Ideas and Suggestions System，TCISS），鼓勵各級員工提出改進的建議。

　　那不只是在辦公室到處設置「歡迎提供點子」的信箱，而是一個全公司的系統，展現對點子的真實渴望和實現點子

的確切承諾。那一直持續到今天。每個員工都知道,他們的點子對公司有多重要。重要到「不斷改善公司」的責任,被納入在每個人的職務描述之中。所有員工都知道要怎麼提出點子,以及點子會經歷什麼樣的過程。

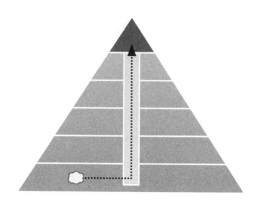

建立一種讓點子可以直達決策者、避開傳統層層節制的制度

　　值得一提的關鍵是,豐田建立了非常明確的制度,繞過階級的詛咒。點子可以從員工層級直達最高層的決策者。這種加快速度的流程至關重要。

　　這種由下而上的途徑,唯有在員工覺得受到重視、並了解構想是其職責所在時方能運作。試驗性的意見箱不可能奏效。你必須讓它成為公司結構的一部分,確定員工知道你期望他們提出點子,甚至在績效評量會議中衡量他們這方面的

成就。相反地，要是你繼續僅依效率和效益審核員工，他們就只會專心做事，不會思考了。他們也不會貢獻可能惹老闆生氣的點子——而這些才是可能造成實質改變的點子。

## 賦權於員工

也就是將創新的權力交到員工手上。要求他們提出點子，並給予支持和資源加以實現。

你一定聽過Google的「20%時間」。給予員工追求心之所向的彈性，造就了Gmail、AdSense和其他一些高獲利能力的商業領域。這是一種極為強大、能從獲得激勵的勞動力汲取絕妙點子的方式。

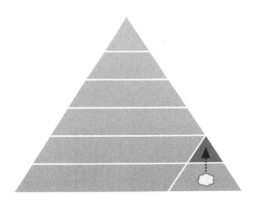

給你的員工實現點子的機會

　　這種方式的祕訣在於，給予員工不必徵求同意就能啟動構想的許可和資源。當專案發展到一定程度，他們可以向領導階層報告，徵求同意。到那個階段他們已經有了原型和資料──甚至一些使用者案例。最棒的是，那個點子火力集中，因為並未蒙受過階級的有害效應。

　　要讓這種做法奏效，你必須給員工時間研究他們的專案。如果你要求員工用自己的時間處理點子，即表明你不想投入過程，也缺乏信心。你必須營造適合創新的環境，然後掉頭離開。相信你的員工很優秀，他們就可能十分優秀。把他們當笨蛋看待，他們的言行舉止就會像個笨蛋。

---

*相信你的員工很優秀，他們就可能十分優秀*

---

## 跨域任務編組

　　你的勞動力可能擁有許多潛在的知識、技能和理解力，都可善加利用。但如果你把來自事業單一部門的同仁組合起來，他們或許只能從有限的視角提出點子。讓跨領域的團隊通力合作，集合眾人的知識和理解，可讓你獲益匪淺。那或許也有助於發展會對整個組織造成更大衝擊的構想。

　　要做到這點，不妨從不同部門挑選熱情與才華兼具的員工合作明確的簡報。你還可從組織外拉人加入團隊，提供更廣泛的專業，讓他們好上加好。

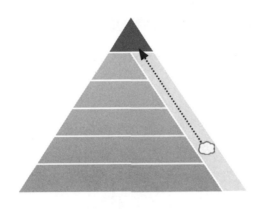

由組織各部門熱情同仁組成的團隊，能挑戰彼此的思維，
發展出有趣的點子

　　強有力的領導階層、運作架構及明確的目標，都能幫助這個團隊。目標可以是一個需要解決的具體問題，或是一份探究可能性的開放式簡報。進行任務編組需要為組員排定優先順序，否則他們的例行工作會形成阻礙，專案將被忽略。因此其直屬主管必須拉進來委以這份責任：確保他們在參與團隊運作時有時間參與。

## 專責創新部門

許多公司將創新視為一門專業。他們設立專責部門，集合所有技能來產生點子、發展點子和實行點子。他們料想，劃出專業領域會造就更有效率的創新。這通常可以，但如果不小心，也可能有意想不到的陷阱。

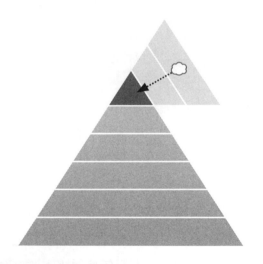

專責創新部門可做為公司獨立單位運作，與主要的階層分開

需要取得共識的第一件事是創新的策略。

你需要決定職權範圍是創造新產品、提升現有產品、改善內部過程、提出行銷構想、發展數位能力或其他事務。你

也需要確定成敗的衡量標準。這些若沒有一開始就定位，結果將時好時壞。

這個方向也能指引你如何為創新部門配置人員、需要多少預算，以及應與公司其他部門維持何種關係。關係這個部分至關重要。一不小心，創新部門就會被其他單位視為敵人，尤其如果他們出一張嘴就能改變同事現有職務的話，自然會引發抗拒和怨恨。

## 創新委外

許多確立已久的產業都有蓬勃發展、令人興奮的新創社群。目前在金融、藥品和零售業都為數不少。多數大型產業皆有些站在邊緣搖搖欲墜的新業者。眾所皆知的大公司一般會用兩種方式對付他們。

第一種是抵制那些靈活的小新創公司，甚至讓環境對它們更嚴酷。這種影響會維持一段時間，而後那些小傢伙便會以蠶食大傢伙的市場為榮。

第二條途徑是邀請小傢伙上桌共商合作大計。你挑選最好的點子，成為幫助它們實現的催化劑。它們的成功就是你的成功。而當勢不可擋的變革浪潮席捲市場，你更可能像個職業衝浪選手乘風破浪。

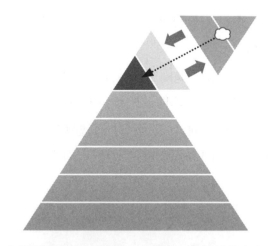

向外面的公司邀請創新，可能是一種絕佳的方式，
讓你得以取用公司內部無法產生的點子

　　要利用這群外界創新者，需要打造一支聯繫公司和社群的團隊。一方面，這支團隊要負責開創提報、為社群設定挑戰、給他們產生絕妙點子所需的一切、選擇最好的點子並幫助他們實現。另一方面，那要直接向最終決定者來確定目標、商定成功的標準，並選擇最好的構想。

　　這條途徑的範例是英國廣播公司的連結工作室（BBC Connected Studio）。過去幾年，他們已建立一大串有趣的外部供應商，這些供應商會緊盯著他們的email，留意可以參與的提報。為給自己掙得最大的成功機會，BBC時常舉辦研

討會來協助點子生成的過程。到目前為止，專案包括互動影音、虛擬實境經驗、智慧型手機說故事、遊戲、戲劇和其他實驗性計畫。

對BBC來說，這是種出奇強大的方式，讓他們得以實驗本身沒有技術在公司內部創造的新內容。社群也樂意把握這個機會，跟像BBC這麼備受敬重的組織合作走在時代尖端的業務。

與其排斥新創公司、巴不得他們趕快消失還你平靜，不如欣然擁抱它們，做好準備，展開你事業生涯的衝創冒險。

## 別以顛覆為目標

過去幾年，大型會議、書店和董事會紛紛呼應「顛覆式創新」（disruptive innovation.，或稱「破壞式創新」）一詞。它出現在哈佛商學院教授克萊頓・克里斯汀生（Clayton Christensen）《創新的兩難》（*The Innovator's Dilemma*）一書而蔚為流行。不過，在我看來，多數講到這個名詞的人，都脫離了脈絡，斷章取義，根本不知自己在講什麼。

這些人會繼續聊到Uber、Airbnb、Google、Facebook、Snapchat和當時新創界的當紅炸子雞。然後他們話鋒一轉，試圖讓聽眾感到內疚：問他們為什麼不是所屬產業的Netflix、

警告他們可能會是業界下一個拍立得（Polaroid）。

　　這是相當激勵人心的訊息。但我認為那是一派胡言。

　　克里斯汀生將顛覆式創新形容成「意外取代原有技術的新興技術」。也就是說，在取代發生後，顛覆已然成為過去式。所以你可以說「那家公司曾經顛覆市場」，但你不能說「我們要展現顛覆力」。

　　我相信以顛覆為目標正是造成這個驚人數據的主因：94%執行長不滿意公司的創新成果。沒錯，94%。要是有部電影在爛番茄（Rotten Tomatoes）網站的好評只有6%，你鐵定不會去看，至少沒喝醉時不會。因此，試想這對商業世界的負面衝擊有多大。

　　顛覆的泡沫已經破了。

**顛覆著眼於跳躍**

　　對創新世界的多數人來說，顛覆的概念就像往前一跳，創造世人從未見過的東西。成功做到這點，就是真正具顛覆性。結果往往是壞的顛覆。他們顛覆了自己的組織，他們的

供應商、配銷商、零售商,以及——最危險的——他們的顧客。基本上,他們是在告訴大家「忘掉這個、開始學那個」,那非常危險,且代價極高。但卻是許多公司採用的方式。

在我們的著作《圖像優勢》中,我和余松佳著眼於最成功的長期創新者是如何推行新構想。絕對不是這種偶發性、天搖地動的方式。相反地,創新多半是一種持續存在的過程。他們定期更新產品、保持產品新鮮,聚焦於提升品牌的精髓。

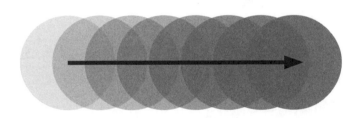

一項產品的演變,熟悉之處應比不熟悉之處來得多

持續創新的祕訣在保持熟悉感。這讓人們較容易接受最新的版本、有助於維繫信任,讓銷售工作容易得多。但也有助於引人注意他們所做的改變。iPhone各款的外形沒什麼改變,因此當推出雙攝像頭(dual camera)時,就是大事了。當iPhone X較大的螢幕問世,感覺也像開創性的突破,但其實沒什麼大不了。軟體、時尚、汽車和保險商品也找得到類

似的例子。而一旦改變感覺起來太激烈，例如GAP在二〇一〇年的商標災難，受眾會造反的。

以顛覆為目標，乍聽下很酷，卻可能是你在創新方面所犯的最大錯誤。

---

*持續創新的祕訣在保持熟悉感*

---

## 創新是一種投資

睿智的公司知道創新必須是財務模式的一部分。那是一種如果做得聰明，必能帶給你報酬的投資。

用類似檢視投資組合的方式來檢視公司的支出是不錯的主意。明智的投資人會將大部分的資金投入低風險、低報酬的組合。過去幾年這些股票證明相當穩定，很可能隨著市場成長而給你邊際利得。你該將80%的資金投入其中。其餘20%則進行高風險、高報酬的投資：可能讓你一無所獲，但也可能是大賺一票的標的。這些風險較高的股票有潛力，以安全股永遠辦不到的方式改變你的財富。

這不只是要你撥一些錢來做這些專案，也是要你將決策過程簡化得更順暢。如果你先撥了一筆錢給尚未驗證的點

子，有趣的專案就較容易籌得資金。這有助於避開階級制度
對風險的抗拒。

可口可樂就是這樣處理它們的內容行銷預算。它們採用
知名的70/20/10策略，多數資金繼續挹注它們已經完成的東
西，較少資金投入創新的機會，更小筆的金額則撥去投資完
全未獲驗證的構想。如果像可口可樂這麼成功的品牌，都明
白把預算視為投資資金運用的潛力，或許其他大公司也該試
試。

## 如何從失敗中獲益

新創社群中有個崇尚失敗的教派。創辦人常討論沒做成
的生意、自己犯的天大錯誤、一次爛決策怎麼害他們損失所
有資金。這不是這裡要討論的。那些故事極具娛樂性，但我
不認為值得大書特書。

做任何未經驗證的事情，都可能招致失敗。但如果你先
建立好的制度，仍可從失敗中獲益。所有專案，不論成敗，
都該包含學習的步驟。這個步驟該回答下列問題：

有什麼運作得不錯？

有什麼可以運作得更好？

過程中發生了哪些出乎意料的事？

導致專案成功或失敗的主因是什麼？

回過頭看，我們可以做哪些不一樣的事？

哪些事情是我們一定要再做的？

我們需要培養哪些技能？

我們可以如何改進程序？

我們應當和組織其他人分享哪些知識？

　　如果你有其他想學習的課題，儘管加到這些問題上。例如，你可能想要檢視團隊合作的成效，或該專案與同仁日常工作配合得如何，或那對同仁來說是不是愉快的經驗。把這些貼切的問題納入清單，請大家一起作答。

　　這不是互相指責、講壞話或發牢騷的機會。而是一場能獲得寶貴資訊、協助組織改進發展中構想的討論。就算這一次的專案是難堪的失敗，這樣的學習過程也能提高後續專案的成功機會。

## 行動與思考的衝突

　　過去幾年，公司愈來愈聚焦在資料和測量。若你應付的是可預期的工作單位，那有幫助。如果你發現變更自動化生

產線的某個程序、開設網路商店、建立財務報告系統能改善你的營運，就在整間公司推展，這合情合理。

但人是不可預期的。對一名員工有用的做法不見得對其他員工有用。但公司一直把職員當成相同的工作單位來對待，追求高還要更高的利用率。

許多公司已經超越令人憎惡的考勤系統，透過員工使用的技術追蹤他們的一舉一動。有些公司甚至把技術植入員工體內，讓監控更容易。這向員工傳遞了非常清楚的訊息：他們的價值是用他們做了多少事情來衡量。他們想得再多，也無法增添一分價值。

## 鼓勵員工思考

傳統上，要提升員工績效，向來是用獎懲系統追著他們跑。如果某人達成目標，就給他獎金。有人搞砸事情，就狠狠訓斥一頓。那對大部分的業務有效，但無法激發點子。

丹尼爾・品克（Daniel Pink）在暢銷書《動機，單純的力量》（Drive）中解釋，如果你的任務需要員工真正動腦才能執行，財務誘因可能適得其反。獎勵對於驅使人們製造更多成品或達成更高業績目標很有幫助，但對激發靈感則會產生負面衝擊。

　　原因似乎是：財務誘因會鼓勵人們走最筆直的那條路來尋求解決方案。他們不會探索，只會直接走去撿那兩百美金。這對提升績效十分理想，但要有效催生點子，需要朝不同的方向遊蕩、超出常規的路徑、或許要在心智的灌木林迷失一會兒。

　　如果你想要鼓勵新的點子，最好改變方針──著眼於內在而非外在的刺激。與其提供獎勵，不如給予表揚。

　　創意產業對此了解已久，那就是他們何以要舉行那麼多頒獎典禮，奧斯卡金像獎（The Oscars）、葛萊美獎（The Grammys）、英國影藝學院獎（The BAFTAs）、奧立佛獎（The Olivier Awards）、布克獎（The Booker Prize）和透納獎（Turner Prize）全都在鼓舞藝術人才更努力嘗試。其他諸如廣告、建築、設計、零售、餐飲和時尚等商業產業，也有頒不完的獎。這是因為在同儕面前舉起獎座的情景，能促使人們想出更好的點子。

　　你也可以在你的組織內表揚同仁。你可以在email發布訊息、在內部網路貼點什麼、在接待室掛照片、在公司盛事上指名道姓，或找其他方式向偉大的思想家致謝。

　　最好的做法是不僅表彰傑出的成就，也要肯定付出的努力。如果你也向提出絕妙點子可惜功虧一簣的同仁脫帽致意，就會鼓勵更多人更努力去嘗試思考。

## 繆思女神不會造訪辦公室隔間

現代商業的一大詛咒是「假性出席」（presenteeism）。公司希望看到員工待在座位上。或許是因為公司不相信，如果沒有人在後面盯著，員工會認真做事。但辦公桌並不是最適合產生點子的地方。

只要想想桌上大部分空間被什麼占據就好：通常是一部電腦螢幕、一個鍵盤、一只滑鼠，外加幾件辦公用具如筆筒、資料夾、釘書機、打孔機。這些東西放桌上都是方便做事的。所以你向公司展現價值的方式，就是噠噠噠地敲鍵盤。

辦公桌是為做事而非思考設計的。那裡是你會一直被打擾的地方。那裡使人們養成一種不歡迎新鮮想法的心態。而當周遭每個人都在敲按鍵，沒有人想被看到放空思考問題。那就是為什麼點子大多會趁你沒坐在旋轉椅上的時候找上你。

如果你希望人們提出更好的點子，請鼓勵他們逃離書桌，或者乾脆逃離辦公室。

---

*現代商業的一大詛咒是「假性出席」*

---

## 將思考化為制度的一部分

海默‧漢默爾（Heimo Hammer）是奧地利一家頂尖行銷公司的創辦人。他不是標準的公司老闆。事實上，他可能是你遇過最快活也最精力旺盛的人。而他是基於公司會一再自我改造的事實發達的。

「我每兩年改造公司一次。」海默這樣告訴我，「我每兩年會針對公司做一次策略工作，收集新的點子、新的商業構想、新的發展。」而真正令人印象深刻的，是他做這件事的方式。一切就從他的員工開始。

「我不是強迫，而是邀請我一百多位員工和自由接案人拿點子鼓舞我。所以他們每星期交給我一次，他們在網路上找到、會議上聽到、電視上看到的東西。所以我們建立了這個張開眼睛、打開耳朵的原則。」

員工不只要傳連結和圖片；他們還要以自己的發現為題寫一篇摘要，解釋為什麼有趣。每週日晚上，在計畫未來一週時，海默會拜讀這些摘要。一星期一次，公司會和十二名來自公司各部門的員工召開顧問董事會，討論大家所提交最有趣的點子。他們討論點子、捍衛點子、擴充點子、決定哪些值得追求。然後就撥預算給最好的點子。

但海默並未在此止步。他也從世界各地集結所認識三十

位最足智多謀的人士。他們每位每個月都會貢獻一個點子。加起來，一年就有三百六十個點子了。

「有時點子很蠢、很平凡或不怎麼特別，但對我依然重要。有點像偵探在表面下尋找蛛絲馬跡。我一直非常仔細聆聽這些見解，因為那是各路英雄好漢的個人觀點。」

海默將他的公司視為需要自我演化、自我塑造來擁抱新機會的事物。想想，如果每家公司都有類似的制度，我們會有多大的可能。

## 和諧未必是好事

多數商界人士會同意衝突在職場不是好事，員工不要意見不合比較好。好的工作環境是和諧的工作環境。

很遺憾，和諧對點子並非好事。有建設性的衝突可能極為有益。

我不是說我們需要把職場變成戰場。我的意思是，我們必須了解如何以有建設性的方式提出和採納批評。這是種雙向的情況。如何接收和如何發表一樣重要。

以下是一些指標：

- **尊重**：雙方都需要尊重。提出回饋的人需要充分尊重

他們提出回饋的對象。接受回饋的人需要認清，提出回饋的人可能也不好受。尊重他人，你就不會動輒輕視或羞辱他人。以尊重為起點，就會有好的開始。

- **不要針對個人**：任何批評都不能衝著個人。對點子，不對人。重點也不是要讓提出回饋的人看起來很厲害。焦點應該完全集中在如何讓點子盡善盡美。如此一來，人人就會齊心為同一個目標邁進。

- **建設性**：你提出回饋的方式至關重要。重點不在於告訴對方他們的點子很差勁，再滔滔不絕地講述原因，而是指出可以改善的地方。從聊聊你喜歡的特色開始，再轉向可以修改的部分，通常是不錯的主意。也不要只說「那行不通，因為……」就停住。請繼續「我覺得或許可以透過……來改善」。

- **聆聽**：獲得回饋的人切莫用防衛性的意見打斷對方。他們該仔細聆聽，確定了解再回應。

- **有來有往**：讓聽取回饋的人也針對自己獲得的回饋提出回饋。也許對方並不了解點子的要素，或簡報的某些成分。同樣地，這些回饋必須以同等的尊重提出。

- **致謝**：回饋提出後，雙方都該感謝對方的誠實、感謝有機會與對方合作，讓點子更趨完善。

公司各部門都應採用這樣的途徑。以這種方式，你終將透過有建設性的合作而獲得更好的點子，也能避免無謂的爭吵和互相攻訐：那些真的會在職場造成損害。

## 小心處理文化

過去幾年，文化儼然成為商業的一大主題。大師們一直在全球會議講台上鼓吹文化。數百篇雜誌文章一再討論文化對最成功的公司有多重要。部落格的同溫層屢屢分享三、五、七、十或任何數字的祕訣，來幫助你為你的公司打造最好的文化。

這已嵌入董事會的對話，也依此分配到預算。

當然，世界最成功的公司確實有最優秀的文化。但多數企業卻以完全錯誤的方式追求文化。這是因為他們不了解文化究竟是什麼，也不了解該如何建立。

優秀的文化是真正珍視組織每一個人的副產品。正因公司在乎它聘用的人才、在意每一件讓人所以為人的事，所有小小的策略性活動才會發生。我所見過的文化變革方案，履行這種副產品的公司大都沒有改變自己運作的方式，以及對員工的尊重。

這就像是我買跟喬治克隆尼（George Clooney）一樣的

西裝、模仿他的口音、一有機會就隨興地喝膠囊咖啡，然後納悶好萊塢為什麼不肯付我六千萬美元主演一部片。那是因為我還是一個矮小禿頭的蘇格蘭人，且長褲的腰圍比他希望的來得大。人們喜愛的克隆尼魔力，我一丁點也沒有。

多數嘗試實行文化變革方案的公司，依舊未能在上班時間尊重或信任他們的員工。他們仍希望員工拿同樣的薪水，做比合理工作量更多的工作。他們仍不希望員工在既定的制度和程序裡出錯。他們仍把員工當成毫無彈性機器裡的人肉齒輪對待。他們實行的文化方案只是膚淺、不確實的模仿，只仿效成功公司表面的做法，卻不學成功公司真心地關懷員工。

最糟的還不只這些。尤以構想的世界為最。

## 文化扼殺差異

擁有強健公司文化的概念或許聽起來不錯，那或可促使人們表現得更有凝聚力，或可有助於員工覺得更像公司的一分子，或可會影響人們的言行舉止和工作方式。但如果你希望能從員工身上獲得寶貴的點子，上述種種都不是好事。

因為你是誰、你做的事、該有什麼樣的行為下定義，就是會創造出更強硬而難以逾越的規範。那會讓方形的釘子被

更堅決地敲進圓形的洞裡，會製造更多藉口，「那不是這裡的行事方式。」會影響聘僱決定：只找氣味相投的人。

這會導致一元文化：類似的人用類似的方式思考、強化彼此類似的意見。

這種現代的文化建構方式，或許有些短期效益（至少星期五便服日，感覺起來比之前跟星期四一模一樣的星期五稍微愉快些），但長期而言，會減損員工的多元性和思想的趨異性。而那正是通往無關緊要的捷徑。

---

實地演練

# 你的組織在培育還是扼殺點子？

　　如果你想看看貴公司的環境會摧毀還是孕育點子，不妨問問以下幾個問題。

　　你能直接把點子帶到決策者那裡嗎？

　　你覺得對你的點子和意見有興趣嗎？

　　領導團隊的成員會不時造訪你的部門嗎？

　　你常被要求貢獻構想嗎？

　　你的績效考核會討論你貢獻了多少想法嗎？

　　公司會讚揚提出點子的人嗎？

　　職場環境多元嗎？

　　公司鼓勵員工培養技能嗎？

　　公司一直在改進自己供應的商品服務嗎？

　　公司會舉辦例行性的員工知識分享會議嗎？

　　公司會用腦力激盪以外的方式產生構想嗎？

　　決策者重視機會勝過風險嗎？

　　公司會給你純粹思考的時間嗎？

　　公司鼓勵你離開辦公桌嗎？

　　如果某項專案失敗，你的上司還會支持你嗎？

　　你有愈多肯定的答案，你的組織就有愈大的機會從點子獲益。如果你的答案大多是否定的，那你的領導團隊就有嚴肅的工作要做了。

第11章

# 管理點子

（或者）

## 帶心智前往有絕妙點子的地方

電腦是可預測到匪夷所思的裝置。如果你把它擺進一個暗無天日、令人抑鬱的混凝土房間，它的運作會跟另一部在陽光海灘吧裡的電腦一模一樣。它在早上八點半的績效跟半夜一模一樣。如果你把它跟遠比它強大的電腦擺在一起，它不會受恫嚇，也不會想示威。

人就不是這樣了。我們是不可預測到匪夷所思的生物。我們會受身邊一切事物、社會背景、飲食、最近的遭遇、白晝的時間、做了多少運動、內衣舒不舒服、外面的天氣和其他千百種因素影響。

這些因素可能對我們產生巨大的衝擊，但衝擊未必是負面的。你可以善用這些理解，如果你知道怎麼做的話。

會影響思考品質的另一項重要因素是組織架構。不適合的組織架構，可能扼殺思想，讓你穩穩地待在常規中。沒有組織架構，則會讓人沒有安全感和方向感。適當的組織架構則允許人們安全地脫離常規冒險，發掘他們平常不會產生的點子。

再來是領導力。你必須知道何時要給人們空間、怎麼給予回饋。人們很容易變得消極，點子很容易扼殺殆盡。錯誤的做法會徹底毀掉你的機會，就像帶領運動團隊一樣，如何讓一群天才發揮最佳績效，是經理人的責任。

## 管理更好的點子

生出點子一事在多數組織管理得很差。多數人認為，既然這是商業活動，就用團隊處理表單、編纂公司報告或籌畫季預算一樣的方式來管理就行。但這種典型階層式由上而下的方式，就是無法從人們身上汲取最好的點子。

令人驚訝的是，似乎連創意產業的公司都還不了解這點。

這一章將探究什麼樣的準備和領導工作，能從人們身上汲取最好的想法。

## 在你著手前就已啟動

成功不是神奇憑空發生的事，而是要做充分準備的事。若你想請一支團隊貢獻絕妙的點子，就必須從擬訂計畫開始。

你要做的第一件事，是指派一個人領導專案。他要為團隊的成果負責。他要支持團隊、引導團隊、指揮團隊、激發團隊、帶領團隊克服重重阻礙，找到有效的解決方案。基於幾個理由，「一個人」這點很重要。

## 一種願景

如果不只一個人為專案負責，團隊就必須同時考量超過一種意見或觀點。而要顧慮的東西愈多，就愈難生出點子。團隊遵循單一願景相當重要。

## 統一回饋

如果你親眼在片場見過導演執導，就會了解他們的角色有多重要。好的導演會容許其他人發表意見和觀察——尤其合作對象是他們尊敬的人——但除了他們，沒有人會跟演員和工作人員說話。如果每個人都覺得自己可以介入，那整件事就會完全脫離軌道了。

## 保護者

不是每個人都善於給回饋。一點點負面就可能徹底打擊團隊的士氣、瓦解團隊的動力。這會阻止點子的流動，也許還會妨礙他們探討有潛在價值的領域。如果所有回饋都先經過這位領導人，領導人就能保護團隊避開消極的東西，並給予積極的指引。

## 決策集中

在點子這回事，民主起不了作用。這位懷抱願景的領導者是最了解願景是否已經達成的人。團體決策往往會趨向比較安全、不引人側目、不冒犯任何人的意見。這些通常也是較不具衝擊力的點子。

這位團隊領導人需要做些準備，再開啟生點子程序的第一階段（當然，希望你運用 RIGHT 思考）。

---

*在點子這回事，民主起不了作用*

---

# 用四個 P 開始計畫

據經驗，在你著手前，主要有四件事需要考慮。這些能助你聚焦於問題、了解局限、集合最佳團隊，並給予構想最好的發生機會。

碰巧這四件事都是「P」開頭。

## 問題（Problem）

不真的了解問題，就很難解決問題。因此，花點時間搞

懂問題吧！

確定你真的知道議題是什麼、涉及哪些不同因素、怎麼知道是否得到好的解決方案。要了解自己欠缺什麼樣的知識，務必要在探究階段加以收集。

即便到了探究階段，你也該提出質疑。問題真的是你想的那樣嗎？例如害你失去顧客的或許是你的結帳過程，而非高售價也說不定。

無論你決定要將焦點擺在哪裡，都會影響之後的一切。

行動計畫：

- 用容易理解的句子寫下你的問題
- 用簡短的段落詳盡說明之
- 列出五項解決方案該符合的標準

## 參數（Parameter）

這是邏輯的基本要點。你得花多少時間研究？需要多少預算？有辦法取得多少資源？需要權宜之計或更扎實的計畫？需要處理什麼樣的限制？可以改變哪些事情，又有哪些事情無法撼動？這些問題的答案能助你了解自己在處理什麼，並指定將採取的途徑。限制不見得是壞事，那可以給你方向、助你將焦點集中在自己的努力上。

　　一旦了解工作要在什麼樣的時限內完成，便可詳細規畫日期，從提交日往回推，設想過程的每一階段，你各有多少時間。

行動計畫
- 寫下你要處理的參數
- 創造行動的時間表，從終點往回推

## 人（People）

　　一般的腦力激盪方式，是把剛好有一小時空檔的人員集合起來。這是相當糟糕的做法。你會想要在對的時機找最好的人執行你的專案，而非隨便找一群不想幹正事、只想打混摸魚的人。

　　我建議你檢視問題，了解不同階段各需要哪些技能。例如你一開始可能需要探究的技能。而後需要策略性思考，將資訊轉變成可行的洞見。緊接著需要想像力，以此類推。當你來到原型和測試階段，便可能需要具備更多利基技能的人，視你試著解決什麼樣的問題而定。

　　用你的時間表規畫每一階段需要的技能，再挑選最適合填補那些需求的人。你也可能需要引進外部人員。如果你能為團隊找到最好的人才，整個過程會比較順暢，結果也會比

較好。

行動計畫
- 寫下每一階段各需要那些技能
- 在時間表上規畫
- 為每一階段選擇最好的人才

## 權力（Power）

你的職責不只是要解決問題，還要以令決策者滿意的方式解決問題。在這個階段做點研究，能避免到最後大失所望。

確定你知道決策者是誰，以及要怎麼跟他們共事。誰是最終的決策者？你可以直接跟他們打交道嗎？如果不行，還有誰涉入其中？你要一起面對這些人，還是得各自打交道？

寫下每一個有權力的人，會基於哪些動機支持或摧毀你的點子。他們喜歡什麼，什麼會讓他們裹足不前？或許不是明顯與商業關係密切的標準。在很多例子，你必須應付各種受自尊驅使的動機，比如希望案子能讓他們看起來很厲害，或希望案子不會給他們招來太多工作。這些都是彌足珍貴的資訊。

但，不要把這些通通視為限制，默默接受。試著一一解

釋。否則到頭來你又畫地自限，落入同樣可預期的窠臼了。
如果這些對你有幫助，就善加運用，沒幫助，大可不必理
會。

行動計畫：
- 列出擁有決策權的人
- 列出他們的動機
- 評估重要事項，其餘擱在一邊

**變成計畫**

吸取所有資訊，做成紀錄，引領你走完整個過程。

# 沒做簡報切莫上路

一旦完成探究與洞見的步驟，就是該做成紀錄的時候
了。要先做成紀錄，再請同仁開始發想點子。

這個階段真正的用處在於，協助你將想法具體化，確定
一切準備就緒，並且給予團隊在整個過程中可以參照的東
西。有些要點也對評判和發展點子大有幫助。

這份簡報應簡短扼要地摘錄人們處理這個問題所需的一
切資訊。我的意思確實是「簡短」：用一張紙就寫得完，只

寫一面更理想。給人更多資訊往往會讓事情更棘手。簡報作者的工作是過濾資訊，只讓最重要的事項上簡報。

你的工作是改變情況，因此我覺得聊聊狀態 A 和狀態 B 很有幫助——過程起始和終了的情況。好的解決方案是一座優雅的橋梁，連接這兩種狀態。簡報的任務是提供人們必要的資訊，來指引他們往正確的方向前進，但也要有足夠的迴旋空間，讓他們在路上廣泛地探索。

我建議放在簡報裡的資訊是：

- 狀態 A：形容目前的情況。問題出在哪裡？它是怎麼發生的？這可能來自洞見那一步。例如某件科技產品會故障，可能是因為人們一直按某個鈕。你的洞見可能引領你，發現問題不是出在那個鈕或按鈕的人，而是界面沒有給使用者立即的回饋，導致使用者不知道那個鈕是否有用，所以他們洩氣地一直按、一直按。然後就發生你敘述的問題了。

- 狀態 B：你理想的最終狀態是什麼？簡短、清楚地說明一下。這是人們鎖定的目標。

- 任務：用一個簡單易讀的句子敘述要做些什麼來讓情況從狀態 A 轉變成狀態 B。別加一堆「以及」和「或」來搪塞——這樣就不再是一心一意了。也不要

用法律的行話。如果你遍尋不著精確的用語，或發現自己塞了一堆黑話，那你就做錯了。那個句子應該要連個十歲孩童都看得懂。

- 時程：列出所有相關的日期——檢討會議、提報給決策者、解決方案的提交日等等。

- 傑出解決方案的要素為何？寫下五個你希望解決方案的符合要點。那些能讓大家有努力的目標，而且能協助你評判點子，幫助你一路精進點子。

- 支持的資訊：這裡還有其他事實、數據或知識金礦可能有所幫助嗎？別太過火。寫下最有價值的東西就好。太多資訊可能讓人喘不過氣。

- 受眾：如果你的問題需要他人參與，是哪些人？關於他們，你有哪些事實派得上用場？如果你需要改變他們的行為，你就要在任務欄凸顯一個能激勵他們從狀態A轉變成狀態B的句子。

- 靈感：如果見到任何事物展現了你為解決方案設立的標準，請在簡報裡提供參考。如果你的問題是行銷，可曾見過哪些喜歡的活動呢？如果是改變行為，你見過哪些讓人印象深刻的例子呢？如果是工程事務，有哪些例子是絕佳的參考範例？清楚說明為什麼覺得這些例子很好。這不是給人們東西抄襲——而是要拿種

種可能性刺激他們。

● 專案領導人：誰要領導這支團隊？這是所有參與者的聯絡點，而他們最終要為專案的成敗負責。

我建議你掌握機會把簡報放到決策者面前，將決策者拉進來。你希望在著手前先得到他們的肯定。這會讓最後呼應簡報的點子較容易獲得贊同。

但在你這麼做之前，且讓我們確定你的簡報有最好的機會喚出最好的點子。

## 解開禁錮的簡報

簡報並非一律平等。有些簡報會自然催生出優於其他簡報的點子。那取決於你如何傳達資訊。當然，你的工作會遇到限制；你想要達成特定目標，但有些事情就是沒辦法做。這張做與不做的清單有時綿延無盡，但如果你聚焦在那些約束與限制，就可能阻礙人們思考。

你必須創造一份啟發人心、點燃想像力、鼓勵人們到常規外探索的簡報。你要著眼於機會。

我發現用圍籬和田地的概念來想像這些方式，相當有幫助。

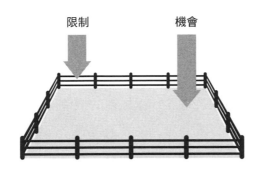

一種方式會阻止探究性的思考，另一種則會促進之

## 圍籬

　　這是公司撰寫簡報最常用的方式。那常是因為簡報作者想透過具體說明所有的限制來保護自己。那樣的簡報讀來常像出自律師之手，因為萬一事情運作不符預期，他們就會把這份紀錄當作證據出示給老闆看，認為錯一定是出在其他參與者身上。

　　但事實並非如此。這樣的簡報正是拙劣思考的根源，把人牢牢鎖在常規裡。

　　那就像是透過邊界圍籬來描述一塊地。當人們開始研究簡報時，會著眼於所有圍住他們的東西，因而忽略了那塊地的潛力。他們希望可以撤除圍籬、一再埋怨圍籬另一邊的草

有多綠。

## 田地

　　這種方式著眼於你工作區域裡的機會。那明確地暢談解決方案的希望，以及將創造的驚人差異。那舉例說明我們希望這個點子像什麼樣子，藉此鼓舞人們。它不避諱限制，只是也不執著於此。其重點在於釐清機會的界線，那要用十歲孩童而非律師理解的方式來釐清。

　　這樣的簡報允許人們到他們所感受的界線和常規外探險。因為你有時就是需要這麼做，才能接觸到最有趣的點子。

　　撰寫和提交簡報的方式，訴說了你期望的工作標準。讓人們對機會感到興奮，他們就更可能符合你的期望。尤其是他們若懂得怎麼生出好點子的話。

---

*你撰寫和提交簡報的方式，訴說了你期望的工作標準*

---

# 該請腦力激盪退休了

　　腦力激盪一詞在一九四二年首度問世。那是在艾力克

斯‧奧斯朋（Alex Osborn，即BBDO廣告公司中的「O」）
的著作《如何激發創意》（*How to Think Up*）裡勾勒。他開
始進行各種實驗來提升公司裡的團隊創意，發現他的腦力激
盪技巧大有幫助。那是在那歷史的一刻，為廣告世界設計
的。但好笑的是，這年頭，廣告公司是最少使用這些技巧的
地方了。

　　腦力激盪技巧一蔚為風行，學者就著手研究了。只是從
一開始後，結果就不怎麼討喜。許多研究拿這種技巧和獨立
作業的個人做比較，竟發現腦力激盪產生的點子，比同人數
孤單思考者想出的點子還少，且更單一。那是極具毀滅性的
玩意兒。

　　但拋棄腦力激盪還有更多理由，不勝枚舉！

### 讓思路變窄

　　你可能以為把一堆迥異的腦袋瓜集合在一起，可以拓寬
思路。以為找一群想法各異的人，可以擴大點子產生的範
圍。但事實似乎恰恰相反。

　　研究顯示，當人們在一間房工作，往往會過度聚焦於少
數概念。群體的社會動力會自然限制思想的寬度。而新構想
往往會順應其他參與者已提出的構想，又使情況雪上加霜。
在小團體裡，常規的引力似乎難以抗拒；因此，在這種你希

望能生出點子的會議，結果往往適得其反。

## 競相沉淪

有兩種心理效應往往會在腦力激盪會議中減少個人的輸入。

第一種叫匹配效應（matching effect），說明為什麼房間裡少數了無生氣和憤世嫉俗的人，會拉低所有人的水準。人有回歸平均值的傾向，群體中能力較強成員的表現，最後將「追上」能力較差的成員。

與此有關的是摸魚效應（sucker effect）。這對團體會議同樣具毀滅性。原本有很多東西想提供的人，一旦知道房裡充斥著不勞而獲和偷懶敷衍的人，往往會降低自己的貢獻。你絕不可能找到活力和才華相仿的與會者，因此這永遠都是個問題。更糟糕的是，若你抓了剛好有空的人來開會，就等於預先挑選了較不投入的團隊成員。

## 點子的瓶頸

腦力激盪的典型做法，是找一個人拿一支麥克筆和一塊書寫板，一次記下一名與會者的構想。這種方法會導致所謂產出受阻（production blocking），在其他人說話時浮現腦袋的寶貴靈感，往往會流失。不是被忘記、被當成離題而拋

棄，就是隨著更多想法湧入而拋諸腦後了。

　　缺乏適合的捕捉靈感的方式，腦力激盪會議自然無法真正有效地生出點子。

## 第一個想法的保護袋

　　多數腦力激盪的與會者要到會議開始，才知道自己要處理什麼事情。沒有機會先讓心智繞著議題轉，他們的第一個想法通常在狀況外。

　　運用輸入／處理／產出模式，你可看出不良的輸入和不良的處理方式，根本不可能造就具重大價值的產出，最多只能指望做些有潛力造就好構想的探究性基本工作，但在這樣的會議，是不大可能直接產生好點子的。

## 讓我們鼓勵爛點子

　　在腦力激盪會議，主持人常會用這種話術哄與會者發表意見，「好啦，世上沒有爛點子這種東西！」但我們都知道，有。

　　若要促進點子流動，降低創意的標準可能真的是件好事，但先決條件是人們會挖掘自己的潛力，而後將構想提升至更高的水準。但這句有毒的話，只會鼓勵那些愛高談闊論的人占滿時間。那些人常不甘寂寞、滔滔不絕，而不在乎自

己講的話有沒有品質可言。這會讓其他人更難思考、更難有所貢獻。

　　挺有說服力的，對吧？

　　但真的，別為這些灰心喪氣！也有好消息。腦力激盪曾是很棒的起點。那讓各企業了解它們可以利用員工的創造力。而這一切認知都能幫助我們建立更好、更有效的利用方式。

　　我開創「RIGHT思考」的原因之一，就是提出更好的辦法來代替B.S.（我個人給腦力激盪〔brainstorm〕的縮寫）。腦力激盪曾是鎂光燈的焦點，而現在，它該離開了。

─── 實地演練 ───

# 將限制轉變成機會

提出田地與圍籬的比喻，是希望能將人們的焦點從限制轉移到機會。底下是一些可以研究的資訊。寫兩種版本的簡報，一種聚焦在限制，一種著眼於機會。

我們的顧客最近一直在抱怨我們的交貨時間。有些人已轉向競爭對手，就算他們的交貨時間跟我們差不多，東西還賣得比我們貴一點。顧客說這是因為跟對手合作的經驗比跟我們好。

我們的銷售額一個月掉了好幾萬元。這不只要阻止人們轉向——更是要把他們贏回來。

執行長不了解情況，要我們部門負責。他要求我們趕快擬定解決方案，在十天後的全球董事會議上報告。

我們需要在這裡證明自己，否則工作堪慮。我們沒有預算可用，而且目前忙到頂多只能撥一、兩個人研究這件事。

無論誰能助我們脫離困境，都由衷感激。

這個練習的目的不在解決問題，而在撰寫簡報、研

擬最好的呈現方式。補上你覺得欠缺的資訊，完成兩種對比鮮明的寫法。

第12章

# 進入未知

（或者）

## 該關掉公司導航了

　　遠在任何人記得的年代前，南非的科薩人（Xhosa）就
有相當殘忍的成人儀式。如果年輕男子想被視為男人，就必
須忍受數星期的嚴峻考驗，包括全身被剃個精光，被持棍的
男人趕進荒郊野外。第一個星期，他們只能吃半熟的玉蜀
黍，不准喝水。在寒冷的冬夜，只能靠一條薄薄的毯子保
暖。

　　一連數星期的磨鍊和學習就此開始。男孩如果違反規定
或沒通過任務考驗，就會被懲罰。受傷和死亡是真實的風
險。每年都有人喪命。沒有哪個神智正常的人會選擇讓自己
這般煎熬。年輕人去做是因為他們別無選擇。

　　這就是多數人被拉出常規時的感覺。心驚膽戰，茫然無
措，你覺得準備不足，不確定該如何因應置身的陌異環境。
一旦做錯，就有被懲罰的危險。當你遠離熟悉的環境，會時
時覺得不安。因此我們可以理解，人們為何會竭盡所能避免
闖入未知的境遇。

　　所幸，在創意探險方面，你有相當於求生本領的技能可
發展。這些技能讓你得以因應任何環境、面對不確定、找出
可能產生新點子的機會。

　　這種求生技能稱作「即興演出」（improv）。

## 你在笑對不對？

我還是學生時，最喜歡的一個電視節目是《對台詞》（Whose Line Is It Anyway?），英國和美國的版本我都會看，對參加者憑空創造喜劇的本事大感詫異。有時他們會以「死星」（Death Star），電影《星際大戰》系列中太空要塞的清潔工為題，編一齣百老匯音樂劇；有時會赴想像中的晚宴扮演某個角色讓東道主猜。真是神乎其技，我確定自己沒有那份能耐。

幾年前，我很幸運能參與一場實驗，看那個節目能否適應網路年代。我們集合了一些節目的固定班底，播出網頁版本，觀眾則來自社交媒體。我擔任主持人，讓這群即興表演者知道推特上的建議。夢想成真！

這項專案的主要合作夥伴是尼爾・穆拉基（Neil Mullarkey），喜劇商店劇團（The Comedy Store Players）的創辦人之一。三十多年來，他週週不靠腳本，娛樂觀眾兩次。夥同劇團其他演員，他踏入未知的境遇，執行讓數百人眉開眼笑的任務。我想不到還有誰比他更適合教人如何闖入陌生領域的冒險。

尼爾不是那種墨守陳規之人，曾任教於艾什里奇商學院（Ashridge Business School）一段時間，指導學生組織架構在

解放創意思考方面的重要性。一如他極具說服力的說法，這攸關「最小的組織架構、最大的獨立自主。你不能沒有結構，但每個團隊可用自己的方式去做」。

　　喜劇商店劇團的演出是以一些即興遊戲為基礎，這些遊戲能提供剛剛好的結構來解放思考。就算每種遊戲都玩過好幾百遍，團隊每次還是想得出新的點子。那和多數職場的死板結構和可預測的結果截然不同。即興法是根據世界各地數十萬人的人生經驗逐步發展。內容並非全在教你怎麼讓人咯咯竊笑或捧腹大笑，而是關於如何有效地合力產生構想，並以團體之姿闖入未知。

　　這些來自喜劇世界的課題，可能會對組織產生點子的能力形成莫大差異。

## 從信任開始

　　最大的點子殺手是恐懼。員工會擔心他人的想法，擔心那會損害他們的事業前途，甚至——在他們最糟的幻想裡——擔心說了什麼不可饒恕的話而慘遭開除。恐懼不是你可以指望人們壓抑、假裝不受其影響的東西。恐懼必須根除。

*最大的點子殺手是恐懼*

　　恐懼常是被未知啟動，因此人們若要闖入充滿未知的陌生領域，就必須具有知道自己不會有事的安全感。你要用信任創造那份安全感。

　　說到他的即興講習班，尼爾告訴我，「偶爾還是有人會說：『你口袋裡一定都有備案。』確實有，我們口袋裡的備案就是對彼此的信任、對過程的信任。」

　　如果你得不到有品質的點子，這不是哪個人的錯，而是運用的演練方式出了問題。若能接受這點，便可卸除壓力。除非有人處處阻撓，這不該歸咎於任何人。

　　其次，人們需要信任與其共事的團隊。當我和沒有合作過的人合作創意專案時，通常會先隨便聊聊。目的在相互認識、了解彼此的動機、釐清各自的界線在哪。那不是在浪費時間，而是建立信任。那對未來至關重要。

　　每個人都要相信，無論發生什麼事，其他團隊成員都不會反咬他們、評斷他們、怪罪他們。如果某個職場環境特別政治，這將是難以跨越的障礙。但不是辦不到。

　　如果跟我合作的是階級分明的組織，我喜歡帶他們離開辦公環境——通常帶到某個讓他們明顯感覺到不同的地方。一旦環境改變，要改變應對進退的假設和規則相對比較容易了。接下來，我會清楚表明我們將以不同的方式運作，並界定新環境裡的優劣行為。

安全不是待在原地，不去未知探險。那是恐懼。安全是在跳傘前再三檢查降落傘，在登山時信任你的團隊和裝備，在上高速公路時對車子的安全氣囊有信心。你能在組織裡培養愈多信任感，就愈可能一起進入未知的思考領域冒險。

## 當信任瓦解

若你不信任與你合作之人，會發生什麼事呢？這我親身經歷過，不怎麼美好。

剛進廣告業時，我曾和某位剛贏得大獎、自命不凡的藝術總監配合。他指名跟我合作，我深感榮幸，因此把握機會去當他的撰稿人。跟他合作的第一天，我就知道自己鑄下大錯了。我們開始合作第一份簡報。我提出一個點子，他說那很蠢。我又提了一個點子，他不喜歡，要我想更好的。我很窘，所以拿起簡報，假裝再讀一次。他提了一個點子，我覺得挺不錯的，也這樣回他。他又否決我，說他的點子很糟，所以我的判斷力一定有問題。

天天延續這種情況，最後我的腦袋拒絕再想點子了。我在創意上癱瘓了，再也做不到人家付錢要我做的事了。

所以我被開除了。

幸運的是，隔天我馬上獲得一家更好的公司延聘。創意

總監喜歡我的點子。他用我的點子為基礎加以發展，鼓勵我，我才發現原來自己的心中有座取之不盡的井。那些阻礙頓時消失殆盡。

否定絕對可以摧毀創意思考。正向的鼓勵則一定能滋養創意思考。

## 好的結構裨益點子

一般認為結構會限制創意思考，其實那是誤解。錯誤類型的結構確實會限制思考，正確類型的結構反倒會解放思考。很少人了解箇中差異。

誠如尼爾所言，「創意讓人害怕，是因為那聽來就像是穿著夾腳拖到處跑。今天大部分的創意都是在某種範圍內發生的。即興演出就是限制內的創意。」

即興演出的結構確實能幫助點子生成。

---

*錯誤類型的結構會限制思考，正確類型的結構會解放思考*

---

簡言之，限制性結構聚焦於你想要人們去做的事，解放性結構則著眼於你希望他們完成的工作。如你所見，信任再度起了作用，也就是信任團隊用他們的方法完成工作。在即

興演出，信任來自觀眾和演員。在職場，信任來自領導階層，和團隊彼此。

解放性結構的第二部分，是給予團隊在整個過程所需的一切，讓他們能把工作做到最好。

不同的階段需要不同的事物。讓我們分別看看輸入、處理和產出。

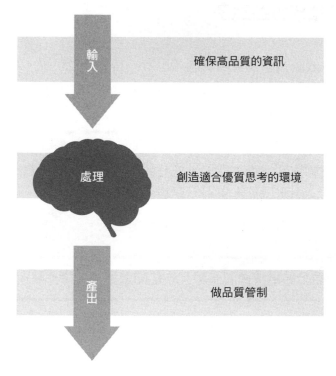

輸入　　　確保高品質的資訊

處理　　　創造適合優質思考的環境

產出　　　做品質管制

解放性結構給予團隊在整個過程所需的一切，讓他們能把工作做到最好

## 輸入

解放性結構要確定思考者有最好的資料可以運用。富有洞察力的簡報是常見的形式。高品質的輸入，讓思考者可以直接開始創生點子，不必回頭搜尋寶貴的資訊。

## 處理

若想讓員工有最好的機會想出點子，必須先讓一些事情就緒。包括給人們專注的時間處理專案、給他們思考的空間、在他們需要時提供資源和資訊、並提供良好的工作環境，也包括讓團隊掌控自己的工作方式。如果他們有什麼問題，隨時給予支持。從頭到尾，決策者該時時前來關心團隊，看看團隊做得如何、確定他們往正確的方向前進、提振大夥兒的士氣和活力。

## 產出

這個階段，你需要進行品質管制，確定最好的點子能夠出現。這能確保點子是合適的，且不會一出房間就受創。決策者要親自確認點子是否達到標準，團隊領導人更要全程參與到實行階段，確定點子沒有失焦。經歷過思考過程，他們比誰都了解什麼是重要的。因此，要做任何變更，都應先徵

求他們同意。

很多人以為創意思考需要寬鬆、不受管制的途徑，但那不大可能在商業環境運作。點子要能生長茁壯，在嚴峻的企業環境毫髮無傷地活下來，好的結構至關重要。

## 兩隻耳朵一張嘴

看現場即興演出時，你可能以為喜劇演員的腦袋不時在想接下來要講什麼俏皮話。因為他們不可能當下想出那些東西。但情況並非如此。好的即興演出需要放開自己的議題，聆聽搭檔在說什麼。也是這樣的技能造就傑出的創意合作。

如果團體中的哪個人有議題，很容易帶著整個團隊的思考往他或她的方向走。一旦往那個事先劃定的區域前進，就等於離開其他機會。好的制度永遠能給予人們分享點子的機會，但為團隊思考增添真正價值的，是眾人的齊力探索。

當人成為團體的一員，就該致力以團隊之姿邁進，並協助彼此清理通往新點子和新觀念的路徑。倘若他們不願聆聽彼此，全都試圖主導思考方向，就會像一群尾巴綁在一起的貓。吵鬧不休，哪裡也去不了。

團隊成員必須撇開個人的動機。每個人扮演的角色理應

要讓其他人看起來更好，這樣才能造就更優質的思考。久而久之，這樣的優質也會反映在每個人身上。

## 贊同與發展

關於即興演出，你最常聽到的意見是這句話，「沒錯，然後……」這是所有即興演出的基礎，參與者同意已經發生的事，再補充新的東西上去。那允許場景繼續流動、繼續發展。

如果有人不同意，事情就會停擺，得花時間重新建立動能。你可能在腦力激盪時見過這樣的情況，有人說了像是「不行，我們以前試過，那行不通」之類的話，毀了討論。對話戛然而止，全場鴉雀無聲，大家不知該說什麼，而且擔心，就算真的說了什麼，也會慘遭擊落。

對於想唱反調的人來說，比較好的做法是找出點子裡不錯的地方，鼓勵人們朝其他方向發展。例如或許有人建議公司要讓消費者用APP付款，不要去收銀台結帳。而另一位團隊成員從經驗得知，要消費者下載新的APP並不容易。與其說：「不行，我們以前試過APP，根本沒有人下載。」不如接受建議，另行補充，「我喜歡讓人們用行動電話付款的主意，讓我們更進一步，讓他們不必下載APP就能這樣付錢。

有沒有可能拿手機碰一下貨架就能付錢呢？」

　　如此一來，思考便能繼續前進，也可能開啟一連串全新的機會。

## 接受「牛排小姐」[1]

　　多數企業不怎麼歡迎員工捅簍子，但說到即興創作，錯誤可能是更有趣結果的催化劑。前提是你要敞開心胸接受它。

　　思考往往會呈現為邏輯的流動，而邏輯通常會帶你到合乎邏輯的地方。錯誤則可能帶你走上一條原本永遠不會探索的路。我們就是這樣得到盤尼西林的。亞歷山大・弗萊明（Alexander Fleming）偶然讓一只培養皿沒加蓋，於是它開始發霉。弗萊明沒有扔掉，反而檢視一番，結果發現盤尼西林（青黴菌）似乎殺死了他正在研究的細菌。接受自己犯的錯，而使醫藥產業發生革命性的轉變，更拯救了無數性命。

---

　　*錯誤可能帶你走上一條原本永遠不會探索的路*

---

1　譯者註：「牛排小姐」（Miss Steaks）音近「mistake」，常用來比喻錯誤。

　　還是年輕樂手時，有人跟我說了句金玉良言，據說是出自查克・貝里（Chuck Berry），「如果你犯了錯，再做一次，人們會認為你是故意的。」

　　還記得第一次照這句話去做的情景。我吉他彈錯了一個音。聽眾「呃！」了一聲。所以我重蹈覆轍。聽眾變成「噢！」。我再彈錯一次，聽眾就變成「啊！」了。我從笨手笨腳的蠢才變成勇於嘗試的天才了。不久，我開始故意犯錯。那成為我的正字標記，也是讓聽眾保持警覺的妙招。

　　你需要抗拒不敢犯錯的誘惑。坦然接受錯誤，錯誤可能帶你去神奇的地方。

## 放輕鬆，享受它

　　要有效接受即興演出的做法，大家都要放輕鬆，拋開任何實事求是的必要。即興演出是一種玩耍的狀態，允許一群人探索未知；實事求是則會將人們置於自我審查模式，貶低任何感覺不夠嚴肅莊重的事物。在這個例子，實事求是對事情有害。

　　重點不在盡快找到解決方案。重點在於問「要是……會怎麼樣」，而不是說「就是這樣」。重點在於進入新的領域四處搜尋。這件事，人們在笑容燦爛時做得最好。

很多人覺得不坐辦公桌的時候較能放輕鬆，也較容易進入玩耍狀態。就讓他們去能找到絕妙點子的地方吧，因為絕妙點子絕對不會蒞臨辦公室的小隔間。

─── 實地演練 ───

# 自己做些即興演出

　　即興演練大都需要參與者扮演角色，來因應不同情況。這些角色就是幽默的源頭。扮演這些角色能助你突破自己的標準思考模式。把它做對，你就不會再想出平常想的那種點子了。

　　想像這種情境：

　　一座購物商場最近剛重新裝潢。現在是個美輪美奐的廣場，有極簡派的混凝土長椅，讓人們坐著享用購自精選飲食攤位的手工精緻點心。這種新的環境設計，深受滑板好手歡迎。開闊的空間超適合翻板，長椅更是卡桿的首選。每逢週末，滑板好手都會到此群聚。

　　店家並不高興。他們聲稱這會趕跑生意。一家本來就很掙扎的高檔服飾店說，溜滑板的會害他們沒客人。這在社區引發衝突，因此當地廣播電台一名記者來此詢問大家相同的問題：

　　你對重新設計過的廣場有何看法？
　　誰會從新的空間獲益？

你覺得目前的情況該怎麼處理？

你的任務是從各種不同的觀點回答這些問題。你可以把答案寫下來，更好的方式是充分融入角色，把他們的回應演出來。你愈能進入角色的心理，回應就愈逼真。你認為下面這些人會怎麼回應呢？

處理過廣場好幾次抗議的女警
希望禁止溜滑板的店家
喜歡這個空間和受其吸引而來之社群的滑板運動者
滑板運動者的家長（認同孩子的嗜好）
尋求下一個商機的企業家

你該讓每一個人產生不同的反應。其中大部分會與你自己的反應截然不同。

這樣的練習可助你從迥異的觀點看出問題與機會。這種絕妙的方式能讓你想出平常想不出的點子。整個團體一起演練更好，因為不同的角色會把互動帶往驚人的方向。